[編著]
伊藤智樹

支える側・
支えられる側の
社会学

——難病患者，精神障害者、
犯罪・非行経験者，小児科医，介助者の語りから——

晃洋書房

はしがき

　人生上には，思いもかけなかった経験というものがつきものです．それには，うれしい類の経験もあるでしょうが，そうとばかりもいえません．たとえば，思いもかけない病いや障害に遭遇すること．過ちを犯すこと．特に法を犯してしまったり，それに近いことをしてしまったりすることもありえます．これら2つの例は，それぞれ内容はまったく異なるものですが，私たちがしばしば安全地帯を走行していると思っていた人生が，ある日突然，もしくはいつの間にかレールを外れていると気づく点では共通性もあります．

　そうした経験が社会の中での生きにくさ，居づらさを伴うことが認められる時，あるいは何らかの排除と結びついている可能性が考えられる時，それらを緩和する支援の必要性が生じます．もっとも，支援と一口にいっても，後出するように，そのような経験をした人が自らの力で立ち上がり歩んでいく側面もあるため，一方向的な「支える／支えられる」という関係性のもとでとらえられるわけではありません．しいていえば，そのような歩みの過程に助けとなる社会的な仕組みや営みが不可分に組み込まれるような状態．そのような状態を良しとする度合いに応じて，私たちはある種の生きにくさ，居づらさを減じようとする社会を望ましいと認めていることになります．

　この本は，そうした支援の具体的な様相について，いくつかのトピックを取り上げて学びます．それらは，取り上げられるべきことのほんの一部分にすぎませんが，その分，1つひとつについてじっくり取り上げることになります．

　各章の著者たちは，社会学をバックグラウンドにしています．社会学は，も

ともとは主に19世紀以降の変化する社会（「近代社会」と呼ばれます）の中で，変化や社会のしくみを解読しようとする学問として出発しました．その展開において，自分たちの社会を把握する方法（「社会調査」と呼ばれます）が発達してきました．社会調査にはさまざまな種類のものがあります．一般的によく知られているのは「アンケート」でしょう．比較的大規模な集団について，その輪郭をつかもうとしたり，統計学的な手法をもちいて関連のありそうな事象，あるいは因果関係のありそうな事象について吟味したりできます．ただ，この本が取り上げようとする人間の苦しみや悩みに接近しようとするとき，その人たち自身による言葉に耳を傾けようとすることが重要になります．すると，インタヴューや参与観察を通して聴くという方法が前面に出てくることになります．

　この本でまず直接聴く対象となる人は，病いや障害をもつ，あるは犯罪・非行に手を染めた本人です．そこでは，支援の1つの形態として「ピア・サポート」（用語解説は第1章を参照）にスポットが当てられます．ピア・サポートについては，2013年に私が編者となって『ピア・サポートの社会学——ALS，認知症介護，依存症，自死遺児，犯罪被害者の物語を聴く』」（晃洋書房）を上梓しています．これは，それぞれ異なったフィールドをもつ5名の社会学研究者が集い，苦しみや悩みを伴う経験の中で仲間（ピア）と出会うことにどのような意味があるのかを考えたものです．修復困難な苦しみの中でより生きやすい状態を模索しようとすれば，そこに何らかの形でピア・サポートが組み込まれる意義はあり，今後その重要性は高まるだろうと思われました．

　それからおよそ10年が経ち，果たして事態はその通りに推移しているように見えます．この本の前半では，そうした時代の流れを受けて，『ピア・サポートの社会学』とは異なる事例を取り上げながら，いまなお，あるいは新たに考えるべきテーマを浮かび上がらせます．

　第1章では，全身性強皮症という病いをもつ人の活動を取り上げます．そこでは，ピア・サポートが発生する主要な場と考えられる「セルフヘルプ・グループ」（用語解説は第1章を参照）においてどのような支え合いがおこりうるのかが

考察されます．セルフヘルプ・グループ研究は，日本でも1970年代から社会福祉学で興隆しており，それ自体としては決して目新しいものではありません．しかし，その内部においてどのようなことがおこっているのか，あるいは，どのようなことがおこるときにセルフヘルプ・グループが価値あるものといえるのか，いまなお考え続けるべきテーマがそこにあります．

　これに対して，精神障害をトピックとする第2章と，犯罪・非行からの立ち直りをトピックとする第3章は，いずれもこの10年の間に動きのあった部分に関心を寄せています．ピア・サポーターの存在が重要性を帯びるにつれて，中には事業所に雇用され，スタッフとして活動する人が現れ，またそのような人がもっと活躍すべきなのではないかと言われるようになってきたのです．そうした人たちは，「ピア・スタッフ」と呼ばれることがあります．確かに，ただ支援を受ける側と思われていた存在が，支援する側として，しかも対価を得て就労の1つの形として活動できることを示すのは，意義のあることだと思われます．その一方で，先駆的な事例とされるピア・スタッフは，自分自身の経験をどう活かすのか（あるいは，どの程度活かせればよいのか）について共通了解やノウハウの蓄積が乏しいために，自分はいったい何者なのか，専門職でもサービス利用者でもない存在として居る意義があるのだろうかと悩みやすい一面を有しています．これは，今後手ごわいテーマになるだろうと思われますが，第2章と第3章はその糸口として，具体的な事例を取り上げながら，ピア・スタッフとしての自分がどう保たれているのかを分析しています．

　このようにしてみると，第1〜3章では，病いに苦しんでいる人がある場面や局面では支える側に回っていることがわかります．したがって，ピア・サポートにおいては，支える側と支えられる側とが完全に固定されるわけではなく，両者の間は連続的であるという見方が成り立ちます．すると，まさにその延長線上に，支援をする側に位置づけられる人，苦しみや悩みをもつ本人と縁あって，その人を支えようとする営みに携わる人に耳を傾けることも，また重要な課題であると考えられます．

　そうした課題に取り組むのが，第4章と第5章です．そこで取り上げられるような人たちには，立場と性質においてバリエーションがあります．職業としている人もいればそうでない人もいますし，何らかの資格をもって行う人もいればそうでない人もいます．第4章に出てくる小児科医は，国家資格をもつ専門職です．これに対して，第5章に出てくる介助者たちは，重度訪問介護（用語解説は第5章を参照）の研修を受けているので，純粋な意味での素人とはいえないかもしれませんが，歴史的にはボランティアと呼ばれるような人たちを介助者として確保・養成するために作られた制度のもとで活動する人たちですから，医師のような専門職とは異なります．このように，支援する側にも異なった立場と性質をもつ人がいます．

　それと同時に，現在直面している問題ないし課題も異なることが浮かび上がってきます．第4章の小児科医の場合は，近代医療がたどってきた進歩の歴史の陰で「行為する英雄」として振る舞うことが期待されてきた（今も期待され続けている）医師の違和感ないし一種の息苦しさに焦点が当てられています．それは，少なくとも20世紀の後半，1970年代もしくは80年代以降，徐々に目立ってきた問題ですが，今後も続くだろう息の長い問題といえます．それに対して，第5章では，20世紀の終わりごろ，1990年代以降にできて広まった制度に関わる先端的な課題に焦点が当てられます．多くの介助者が素人から出発して発展していくことができる一方で，本当に誰でもできるのかというとそうでもないような気がする，つまり向いている人と向いていない人とがいるという，表面的には矛盾するように見える現場の感覚をどのように整理してとらえることができるのか．それを考えるために，向いている／いないをいわば外部から客観的に定義して決着をつけようとするのではなく，介助者たちが「素質」をどのように意味づけるのかに徹底してこだわっていきます．

　以上のように，この本は『ピア・サポートの社会学』を引き継ぎながら，社会の最前線にある課題に向き合い，さまざまな立場からの支援を視野に入れて考えていこうとする試みになっています．先端的な内容ではありますが，でき

るだけ初学者にわかりやすく丁寧な説明を心がけました．読者の皆さまも私た
ちと一緒に関心をもち，考えていってくださればと執筆者一同願っています．

2023年11月

伊 藤 智 樹

目　　次

は し が き

① 「物語」を携えたピア・サポートの実践 ……………………………… 1
　　　──全身性強皮症患者による「明日の会」にみるセルフヘルプ・グループの特質──

伊 藤 智 樹

② ピア・スタッフは自分をどのように見せるのか ………………… 26
　　　──精神障害のピア・サポートの現場から──

櫛原克哉・添田雅宏

1

「物語」を携えたピア・サポートの実践
──全身性強皮症患者による「明日の会」にみるセルフヘルプ・グループの特質──

伊 藤 智 樹

　人生の途上で，何かスムーズにいかないことがおこることは，誰にでもありえます．病いについていえば，それは医療技術によって治されるだろう，あるいは，そうあってほしいというのが人情といえるかもしれません．しかし，それが完治することはないとわかったとき，人はどのように生きることができるのでしょうか．また，そのような経験をした人が，苦しみを比較的感じずに済むような社会に近づくには，何が必要なのでしょうか．

　この章では，それらについて，全身性強皮症という難病になった人の経験を事例として考えてみます．ふだん何気なく営んできた生活，これからも漠然と続くだろうと思っていた生活が，もはや望めないものだとわかるプロセスは，確かに過酷だと思われます．しかし，その一方で，絶望がすべてではありません．そのような経験の中で立ち現れてくる人間の力強さと希望もあります．

　そうした力強さや希望が現れやすくするためには，社会の側がある程度成熟している必要があります．適切に医療を受けられること，また生計をたてるために困窮しない仕組み，等々．ただしここでは，それらの重要性を承知したうえで，しばしば「残余」のように扱われやすい側面に，あえて着眼します．それは，人間同士の出会いとコミュニケーションによってもたらされる精神的な変化の可能性です．なぜなら，そうした変化を伴うことで初めて，その人自身が存在することへの基盤的な自信を手放すことなく，さまざまな支援を使いながら生きるということが可能になっていくと考えられるからです．

1　全身性強皮症とは

　全身性強皮症は，皮膚や内臓の線維化（硬くなること），血管障害，免疫異常などを特徴とする病気で，皮膚のみの病気である「限局性強皮症」とは区別されます．ただし，全身性強皮症の中にも，皮膚硬化がどの程度広範囲に及ぶか，またさまざまな症状の出方について，異なったタイプのものがあります．それらの症状には，冷たいものに触れると手指が蒼白ないし紫色になる「レイノー現象」や，皮膚硬化（範囲はタイプによって異なる），およびその他のさまざまな皮膚症状，毛細血管拡張，間質性肺疾患（間質性肺炎，肺線維症），強皮症腎クリーゼ（腎臓の血管に障害が起こり，その結果高血圧が生じる），逆流性食道炎，等々があります[1]．

　この病気の原因は，まだよくわかっていません．しかし，最近になって症状をある程度抑えることが期待できる薬剤が開発されてきており，患者にとっては，できるだけ早期に適切な治療を受けることができれば，この病気と長くつき合いながら生きる道が開ける情況にはなってきています．

　全身性強皮症をめぐる大きな問題の1つは，適切な診断と最新の治療法を把握する医師が非常に少ない点にありますが，もう1つ，患者の生活や精神的な側面を視野に入れる研究が非常に少ない点が挙げられます．この病気になった患者の苦しみはどのようなものなのか，またそこからどのように生きることができるのか，そういったことを取り上げる研究が乏しく，一般にもほとんど知られていません[2]．

　この章では，全身性強皮症患者である桃井里美さんとMさんの体験と交流を分析することを通して，この病いを生きるために，セルフヘルプ・グループにおけるピア・サポートがどのように資するのかを考えてみたいと思います[3]．

2　この章のキーワード（概念）

　ここでは，後々の記述・分析・考察で必要になってくるいくつかの基本的な
用語（概念）について解説します．

（1）「セルフヘルプ・グループ」

　「セルフヘルプ・グループ（self-help group）」は，「自助グループ」とも呼ばれ，
何らかの病いや障害，問題を抱える人によるグループを指します．20世紀後半
以降，社会福祉学を中心に研究が興隆し，さまざまな定義づけが試みられてき
ましたが，実際には組織的な特徴や専門家の関与の度合いなどにおいて多様で
あり，どこからどこまでをセルヘルプ・グループと呼ぶのかを確定するのは難
しいところがあります．そうした状況をふまえて私は，最大公約数的な定義と
して，「従来型の専門的治療や援助の枠の外側にできた，何らかの問題や目標
を抱える当事者グループ」と定義しました（伊藤 2000: 89）．

　なお，欧米圏では，“self-help group” では相互性のニュアンスが出にくい
として “mutual-help group” あるいは “mutual-help organization” という言
葉を好んで用いる研究もありますが，日本では「セルフヘルプ・グループ（自
助グループ）」という呼び方が比較的流通しているようなので，この章でもそち
らを用います．

（2）「ピア・サポート」

　「ピア（peer）」は「仲間」を指す言葉です．私は「ピア・サポート」を仲間
同士のサポート，つまり「ある人が同じような苦しみを持っていると思う人を
支える行為，あるいは，そのように思う人同士による支えあいの相互行為」と
定義しています（伊藤編 2013: 2）．

　セルフヘルプ・グループが「集団」ないし「組織」を指す言葉であるのに対

して，ピア・サポートは，支える「行為」もしくは支えあう「相互行為」を指す言葉ですから，次元が異なります．さまざまなセルフヘルプ・グループにおいて，ピア・サポートは数多く発生してきた，あるいは，発生していると考えられます．したがって，そのセルフヘルプ・グループにおいてピア・サポートがどのようにおきているのかを研究し，今後に活かしていくことが重要だと思われます．ただし，いつでもセルフヘルプ・グループでピア・サポートが発生するとは限らない点にも注意が必要です．たとえば，自分の体験や思いを語りあう十分な機会があるか，またある人々の語り難さが構造的に生じていないかといった点にも留意する必要はあるでしょう．

（3）「物語」（「自己物語」「物語の混沌」「共同体の物語（community narrative)」）

　この章で行う分析，考察のキーワードとなるのが「物語」です．この概念については，既にさまざまなところで述べてきていますが（伊藤 2021，伊藤編 2013，水津・伊藤・佐藤編 2020），関連する用語も含めてここでまとめておきます．

　ここでいう「物語」は，人間の経験を事象（出来事）の時間的な連鎖という形で言い表したものを指しています．日常的に私たちが「物語」と聞いてイメージするのは，小説や民話などから，テレビドラマ，映画，漫画といったものに至るまでのさまざまな文化的表象物ではないでしょうか．しかし「物語」はそれらの中に留まるものではなく，私たちが実生活で行う思考やコミュニケーションの回路上にあり，筋（プロット）やキャラクターなどによって自己イメージを表すものになります．特に，自らを主人公とする物語は「自己物語」ということもできます．

　自分の病いが治ってしまうことのないものだと知るとき，健康だった自己イメージは崩れ去り，深刻な混乱に陥ることがしばしばあります．このような状態にある人の語りを，医療社会学者アーサー・フランクの「混沌の物語」という概念にならって，物語が混沌としている状態としてとらえます（Frank 1995)．具体的には，とりとめのない話，涙を伴う語りの中断，スムーズな語りを妨げ

る短い沈黙，長い沈黙などが考えられます．

　この章では，そうした状況にある人が，より生きやすい自己物語を模索するのに益する場として，セルフヘルプ・グループがもつ潜在性に着目します．私は既にアルコール依存や死別体験のグループを自己物語形成の場として分析する研究を行っていますが（伊藤 2009），ここでは発足して間もない全身性強皮症のグループを取り上げることになります．

　セルフヘルプ・グループを自己物語形成の場としてとらえる際，重要になってくるのが「共同体の物語（community narrative）」という概念です．これは，コミュニティ心理学者ジュリアン・ラパポートによるもので，セルフヘルプ・グループで共有される物語を指します．共同体の物語と個人の自己物語とは相互に影響する関係にあります．個性的で多様な個人の自己物語が相互に語られ影響を与えあうことで類似性のあるものになるときに，共同体の物語は観察可能なものとして表れます．そのような状態のときには，個人の自己物語の方も共同体の物語を一種の資源として利用して形作られることになりやすいと考えられます．つまり，「共同体の物語」は，あらかじめそこに「ある」ものというよりは，個々の自己物語が影響し合って語られる中で，そこに「あるかのように」感じられるものといえます．

　それぞれのグループの「共同体の物語」を指し示すことで，人々がより生きやすい自己物語を模索する際，たとえばどのような物語を語りうるのかを把握しやすくなります．とはいえ，共同体の物語が指示されると，それを標準的なものとして「語るべき」というとらえ方をされてしまう危険もあります．この章では，そうした「共同体の物語」の両面性を意識しながら考えていきたいと思います．

3　桃井里美さんの物語

　この節では，全身性強皮症になった桃井里美さんの症状の経過について，彼

女自身による講演や体験手記から抜粋して述べます．桃井さんと私が出会ったのは，後で述べるように，2015年秋でした．それからしばらくして，手紙のやりとりが始まり，桃井さんは講演の原稿や自分が受けたインタヴューの記録，自費出版した体験手記など，さまざまな資料を送ってくれました．もちろん，その間直接お会いして，またはオンラインで話をすることも多くありました．ここでは，こうした過程それ自体を比較的長期間にわたるフィールドワークととらえ，そこで得た言葉たちを資料として用いながら記述を展開していきます．

　桃井さんがはじめに体調の異変に気づいたのは，2008年ごろです．毎朝両手がこわばり，それまでのようにものを握れなくなっていました．当時，桃井さんは小学校の教員として最も充実した時期を迎えていました．2011年度には，5年生から担任を務めている児童たちが6年生となり，9月に行われた運動会で躍動する姿に，桃井さんは達成感・満足感でいっぱいでした．その数日後，空咳が始まり，その後どんどんひどくなりました．趣味だったマラソンも，それまでのように満足に走れなくなっていました．

　咳止めの薬をもらおうと受診したクリニックで，間質性肺炎の治療を勧められ，2012年1月に大学附属病院を受診．検査の結果，「全身性強皮症の自己抗体が陽性である．間質性肺炎が先行しているが，いずれ診断されるだろう」と告げられました（その後，診断が確定）．しかし，医師から，無理をしなければ仕事を続けられると言われたこともあって，当初は「仕事さえできるならいいか．早く分かっただけ運がよかった」と軽く受け止めていました．

　しかし，症状は悪化の一途をたどります．2012年4月に風邪を引くと，経験したことのない息苦しさに襲われます．5月になると両手のこわばりが始まり，立ったままの授業が2時間続かなくなり，呼吸機能が落ちて教科書も読めなくなりました．土曜日になるとぐったりして起きられない状態が1カ月続きました．

　同年9月初旬，社会科見学の後に体調は急激に悪化して，年休や早退が1週間続きました．この時期は運動会の準備もあり，勤務は非常に厳しい状況を迎

えていました．毎日3階の教室まで階段を何往復もしなければなりませんが，その度に血中酸素濃度が下がり，全力走をしたときのような心拍数になりました．日直で校内を一回りしたとき，息苦しさで「もう限界だ」と思ったのが運動会の10日前．運動会当日は，長袖，マスク，つばの広い帽子で，テントの下から椅子に座ったまま用具係としての指示を出し，学年の出番以外は動かずに何とか乗り切りました．

　同年11月になると冷たい北風に当たるだけで激しく咳き込み，体力の消耗も大きくなりました．マスクを二重にして，咳が出ないように気をつけて呼吸をしていました．お風呂で湯船に浸かると肺が圧迫され，苦しくて入っていられない．仰向けに寝ると重力がかかって肺が苦しくなりました．夜中に息が吸えなくて目が覚めたときは，眠るのが怖いくらいだったといいます．

　11月末に行われた呼吸機能検査では，肺活量（努力性肺活量）は同年1月時点の3分の2以下になっていました．もはや猶予はならないと，免疫抑制剤投与のため12月は入院することになりました．

　年明けの2013年1月に受診した結果，病気休暇は延長されることになりました．もともと仕事には2月に復帰する予定だったので，クラス担任に戻れない現実に桃井さんは愕然としました．さらにその2月に行われた呼吸機能検査の結果，ついに勤務困難と診断されます．

　　まるで足下の地面が抜けたようなショックでした．自分から仕事を取ったら何の価値もない人間に思えました．社会とのつながりが切れた．自分の生きがいも役割も失った．これから何をして，どう生きていけばいいのか（2019年11月12日　群馬パース大学での講演より）．

　当時は，通院の途中で，登下校の子どもの姿を見る度に涙があふれたといいます．気持ちを紛らわせるために，もともとの趣味だったニット帽子を編んでいましたが，勤務困難，休職という現実にうちのめされ，編み物もできなくなり，一日中鬱々とした気持ちで何も手につかなくなっていました．

この状態はまずいと思って，３月中旬，（群馬県）難病相談支援センターに相談に行きました．相談支援員の方は私の話を聞いてから，「自分がどうしたいか．何をしたいかを一番大事に」と言ってくれました．その問いかけに答える形で，「仕事ができなくても『人の役に立つ喜び』をなくしたくない．……外来化学療法センターの患者さんに，ニット帽子を使っていただけないでしょうか」という言葉が口をついて出たのです．相談支援員さんがすぐに師長さんと連絡を取ってくださり，秋からニット帽子の寄付ができるようになりました．ささやかでも「自分にできること」を見つけて，暗闇に一筋の光が差したような気持ちでした（2019年11月12日　群馬パース大学での講演より，丸カッコ内は引用者）．

　桃井さんは，退院後も，がん患者が多く通う外来化学療法センターで治療を受けていたため，それがアイディアに結びつきました．こうしてはじまった帽子の寄付は，その後，徐々に輪を広げていくことになります．最初は，患者から生地を提供してもらえれば次の週までに帽子を作るという方式でスタートし，約30人分70個の帽子を作りました．2014年６月には，タオル帽子（夏は暑いのでニットではなくタオル生地が好まれる）の材料である生地を，タオル専門メーカーのホットマン株式会社から寄贈されました．

　2015年９月には，寄付した帽子の数は累計500個に到達していました．しかしその頃，桃井さんは休調を崩してしまいました．「一人で活動していたのでは，自分ができなくなったら，それで終わりだ」と感じた桃井さんは，難病患者を中心に，帽子を作ったり届けたりする仲間を募りたいと考えます．2016年１月，桃井さんは『広報まえばし』に，まえばし市民提案型パートナーシップ事業の福祉助成金の記事を見つけます．まさに「渡りに船」と応募し，一次の書類審査，二次のプレゼンテーションを経て採択され（10万円），帽子寄付団体「スマイル」を発足することになりました．現在７府県に累計約１万6000個の帽子を寄付しています．

　さて，桃井さんが仕事に復帰できないことがわかり，絶望の中で暮らしてい

た2013年，帽子のことで世話になった看護師が12月のがん患者向けサロンに桃井さんを誘いました．そこに参加してみると「分かち合い」の時間というものがあり，「ペアになって，お互い今年一番つらかったことを話してください」と言われました．隣の人と向かい合い，話し始めた途端，決壊したかのように涙が出てきました．抑えていた蓋がポンと外れてしまったように，桃井さんは号泣しながら仕事に復帰できないつらさを話しました．

　　こんなにつらかったんだ．これまで，泣きたいだけ泣けなかったんだ．ここでは泣きたいだけ泣けるんだ．「一番つらかったことを話して」──そんなことを言われたのは初めてだ．実際に話した時間は短い．けれども不思議な癒やされ感というか，「心にたまっていたものを吐き出せた」感じがあった．「落ち着いた」と思っていた数カ月の間にたまっていた涙だったのだろうか．泣きたいだけ泣いて話したら，つらい気持ちが軽くなったみたいだった．帰りは体が軽くなったような気さえした．患者がこんな気持ちになれる場所があるんだ．苦しみと闘いながら，仲間と共に歩むピア・サポーターと参加者の姿が目に焼き付いた．難病患者にも自由に語れる場があればいいのに……．この日，新たな思いが芽生えた．（桃井里美『物語の聞き手として生きる』[4] p. 85-86)

　2015年，桃井さんは群馬県難病相談支援センターが主催するピア・サポーター養成研修[5]に参加します．そのうち9月5日の回は，私が講師を務めることになっており，プログラムには，研修のテーマ「ピア・サポートの社会学：そこにこそ希望の糸口があるのではないか」と書かれていました．この副題「そこにこそ希望の糸口があるのではないか」に興味をひかれた桃井さんは，研修後すぐに『ピア・サポートの社会学』（伊藤編 2013）を読み，「ピア・サポートは支え合い．支えている側が，実は支えられている」「自己物語」「語ることと聞くこと」といったキーワードとなる言葉を自分の経験と重ねました．そして，その直後に参加した医療講演会の際に，次のような体験をします．

医療講演会で偶然一緒になった難病ピア・サポーター研修受講者と，講演会後，１時間ほど話をして，「これが物語を語るということではないか」という経験をした．（中略）『ピア・サポートの社会学』を読んだ直後で，まるでその著書をなぞるような時間だった．ただ傾聴するだけではなく，聞きながらあるタイミングで自分の経験を語る．その語りが相手の悩みを語りやすくして，「私の場合は……」を語り出す．（中略）「語る・聞く」の立場を入れ替えながら話が続くと，スコップでざくざくと地面に掘り起こされるように，埋もれていた言葉や話が出てくる．お互いの語りがお互いに影響を与え，これまで言語化されなかった部分がどんどん言葉になり，新たな自分が見えてくる．体感として，そういう感覚があった．「物語を語る」には受け皿となる「聞き手」が必要．私は自分の経験も語れる「聞き手」になれる．自分の進むべき道が見えたような気がした（桃井里美『物語の聞き手として生きる』p. 142-143）．

　難病ピア・サポーター養成研修の１年目が終わろうとしていた2016年２月末，桃井さんは皮膚科医から強皮症の患者会を作らないかと相談を持ちかけられました．これを受けて３月から皮膚科医，難病相談支援センターと協働して準備を始め，６月12日に本邦初の強皮症患者会「明日の会（あすのかい）」が発足しました．「不思議なもので『スマイル』の誕生と時を同じくして，難病ピア・サポーターとしての歩みも始まるのです．まるで目の前の扉が一気に開いたような感じでした．まだ誰も歩いてない雪の上に足跡を付けていくようなわくわく感が膨らみ

図1-1　サロンで話を聞く桃井さん

ました」（2019年11月12日，群馬パース大学での講演原稿より）．

　同年7月14日からは，「同じ病気の人とじっくり話したい」という要望を受け，強皮症専門外来の木・金曜日に，皮膚科の隣にある面談室で診察の前後に立ち寄れるサロン（面談）を始めました[6]（図1-1）．

4　鮮やかな変化と，その陰で

　こうしてピア・サポーターとしての活躍が始まったのですが，それと並行して，桃井さんは2016年3月末付で退職辞令を受け，学校を去ることになります．

　　退職辞令の3月31日をはさんで，1週間悔し泣きをした．
　　きっかけはある患者会機関紙で見た「70代強皮症，働いています．趣味で〇〇しています」．他の強皮症患者を知らなかった私は，たった1行の文を見て愕然としてしまった．「私は仕事を辞めるのに」「本当は仕事がしたいのに」──もう収まったかに見えた仕事への未練が吹き出して，退職のお祝いの席でも号泣した．仕事への感情はコントロール不能だった．我ながら仕事への執着の強さに驚く一方，こんなに好きな仕事ができて，この上なく幸せだとも思った（桃井里美『物語の聞き手として生きる』p. 154）．

　この部分は人間の多面性を示唆しています．前節で述べたように，このとき桃井さんは既に「明日の会」の準備を始めており，希望と期待をもっている状態でもありました．それでも，仕事への断ちがたい未練，他者との比較が顔をのぞかせています．おそらく，どれほど「乗り越えた」ように見える難病患者でも，その変化は決して鮮やかな側面だけではなく，運命を受け入れがたい感情もまた背中合わせにどこかにあると考えるべきかもしれません．その一方で，最後の一文「こんなに好きな仕事ができて，この上なく幸せだとも思った」という部分からは，自分の状況を俯瞰するようにして再び静かに前に踏み出そうとする気配も感じられます．

　2017年から翌年にかけて，リウマチによる強い痛みと腫れ，炎症からくる咳，貧血が桃井さんを苦しめました．当時はそれと闘いながら，あるいは，その合間をぬうようにして，サロンに訪れる人たちと語り合いながら，さまざまな研修や大学等の授業に出ては講演（体験談等発表）を行いました．「スマイル」の活動に加わる人も増えていきました．2021年11月には，体験談の集大成といえる体験手記『物語の聞き手として生きる』を自費出版するに至りました．

　2020年におこったCOVID-19（いわゆる新型コロナウイルス感染症）の流行によって，「明日の会」は対面での活動を停止せざるをえなくなりました．桃井さんはもともとWEBでのコミュニケーションに慣れ親しんでいたわけではありませんが，感染拡大状況が長引くにつれて，オンライン会議ツールの導入を考えるようになり，数人でのミーティングを試すなどして準備を進め，2020年10月から「明日の会」をオンラインサロン形式で再スタートさせました．また，2021年8月からは，LINEオープンチャットを用いたオンライン・コミュニティの運営を始めました．

5　2019年9月20日に語られたMさんの物語

　2021年3月6日，私は初めて「明日の会」オンラインサロンに参加しました．このとき体験談を発表したのがMさんでした．私とMさんが会ったのはこのときが初めてではなく，2019年9月20日，群馬県難病相談支援センターが主催するピア・サポーター養成研修に私が講師として招かれた際，桃井さんがMさんと私を引き合わせていました．この節以降では，これらの時に語られたMさんの物語たち相互の違いにも注意しながら，セルフヘルプ・グループにおけるピア・サポートの重要な特質に迫ってみます．

　まず，2019年9月20日に語られたMさんの物語を記述します．この時は，桃井さんともう1人の人が居合わせていました．なお，以下の記述は録音されたものではなく，私がその場で筆記したメモにもとづくものです．

　Mさんは，2011年ごろから体の不調に悩み，整形外科や総合病院を受診するようになりました．しかし，冷えではないかとか，更年期障害の一種ではないか，精神的なものではないかなどと言われて，いまひとつ納得がいきませんでした．2014年2月に手が真っ白になってしまう「レイノー現象」が表れ，整形外科を受診したところ，強皮症かもしれないと言われました．医師にはそれ以上質問する勇気も起きず，とりあえず血液検査だけして，茫然と帰路につきました．

　その後，大学病院を受診して，診断が確定したのは2015年5月でした．その時は，ほっとしたような，受け入れがたいような，何ともいえない気持ちだったといいます．しかし，やはりすべてが受け入れられない．大学病院なんて，ひどい病気の人が来るところだと思っていたが，いまや自分がそこに来ている．また，これから子どもにお金が必要なのに自分が使ってしまっている，という経済的な不安もありました．なんでこんなことになったんだろう？　何がいけなかったんだろう？……こんな思いばかりが頭をめぐり，毎日とりつかれたようにWEB検索を続けていたといいます．家族にも話はしたが，結局は「あまり心配ばかりしても仕方がない」という話に落ち着き，自分が求めている答えとは違うように感じられたといいます．

　2016年6月，Mさんは初めて「明日の会」に参加．その翌月には，受診時に皮膚科の隣にある面談室（桃井さんのサロン）を訪れます．この時，桃井さんともう1人の患者がいて，Mさんの話を聴くことになりました．桃井さんによれば，面談室に入ってきたMさんは「崩れ落ちそうな」感じで，その後「ダムが決壊」したかのように，すべてが受け入れがたい思いを涙ながらに吐き出しました．桃井さんは，ただそれを聴き，最後に「また来てくださいね」と言いました．

　それから，Mさんは診察のたびに面談室を訪ねるようになりました．そこは彼女にとって，自分の最も弱いところ，つらいところをすべてさらけ出せる場になっていました．家族に対しても，それは自分にとって大事な時間だから，

家を空ける時間が少々長くなる（車で1時間半かかる）が理解してほしいと訴えました．すると家族は理解を示してくれ，「楽しんできてね」と送り出してくれるようになりました．Mさんは，家族が自分を支えてくれると感謝の念を抱くとともに，家族のために自分を犠牲にしなくてもよいことを実感できるようになりました．

　桃井さんからの誘いは，いつでも「もしよかったら来て」と無理強いはしないものでした．そして，Mさんは，「明日の会」だけでなく「スマイル」の活動にも関わるようになります．自分は，帽子を作ることはできないが，届けられる．とりあえず私にできることをやってみよう．そう考えたMさんは，病院への配達を担当するようになりました．そこで「ありがとう」と言われたり，「あなたがいるから届く」と言われたりすると，自分のしていることに意味があると実感できました．また，使用したがん患者から「帽子をかぶって外出できました」「鏡を見られました」といった感想が届くと，胸がいっぱいになりました．一度，スーパーマーケットで，自分が届けた帽子をかぶった人を見たときは，狂喜のあまり，スーパーマーケット内を，その人の後についてしばらく歩いてしまいました．

　以上が，2019年9月20日に語られたMさんの物語です．診断が確定する前後（2015年ごろ～2016年）のMさんの様子を私自身は目にしておらず，この彼女自身による物語と桃井さんの証言から推し量ることしかできませんが，毎日WEB検索を続けていた彼女は，何か憑りつかれたような感じだったかもしれません．また，2016年7月に面談室に入ってきたMさんは「崩れ落ちそうな」感じで，その後「ダムが決壊」したかのように，すべてが受け入れがたい思いを涙ながらに吐き出したといいます．その語りは，とりとめのない混沌としたものだったのではないかと想像できます．

　それでも，主人公であるMさんは，絶望の淵から浮上し始めます．「明日の会」というかけがえのない場を得て，その大切さを認める家族との関係性にもよい兆しが見え始めます．また，桃井さんの活動を知るにつれて，Mさん自身もが

ん患者への帽子の寄付に関わるようになり，やりがい，生きがいを得るようになっています．このような物語の筋は，桃井さんが講演や手記で語る物語と非常によく似ています．というのも，桃井さんの物語の筋も，がんサロンで混沌とする物語を聞いてもらえた体験を転回点の1つとしており，また帽子づくりが現在の自己を支える要素になっているからです．したがって，それこそが前にキーワードとして述べた「共同体の物語」ではないかといえるのかもしれません．

　しかし，ここまでで終わらせてしまったのでは，ピア・サポートに関していわゆる表面的な理解にとどまると思われます．そのため，もう少し先の展開にも目を向けてみたいと思います．

6　「6割」の物語

　2021年3月6日，Mさんは，桃井さんから依頼されて，「明日の会」オンラインサロンで体験談を語りました．そこには私も参加しており，また後日，桃井さんを通してスピーチの原稿を送っていただきました．この節ではまず，スピーチから注目したい部分を引用しつつ，全体の構成をできるだけ損なわないように記述し，またスピーチの後のやりとりについても述べます．

　体験談では，まず発症から苦しみが深まっていくプロセスが，前節の（2019年9月20日の）物語よりは少し簡潔に，しかし内容としては同様に描かれます．ただしそこでは，診断されてなお受け入れがたい気持ちについては，次のように語られています．

　　難病と診断されたけれど，もしかしたら「まちがいかもしれない」という
　　少しの希望を持っていたからかもしれません．4人の子育てまっただ中，
　　突然の難病の診断．周りには，同じ病気の人は誰もいない．話せる人もい
　　ない．家族，親には心配をかけたくない．でも，関節痛はひどく，だるく

て疲れやすい．休みたいけれど休めない．私が休んだら，大量の家事がストップしてしまう．家族に頼ったら心配かけてしまう．

だんだん体の負担が大きくなり体が思うように動かなくなると，心もつらくなりはじめました．家族からの些細な言葉の行き違いで心が押しつぶされてしまい，心身ともに不安定になっていきました．でも，どうしたらいいのかわかりませんでした．

そして，前節でも述べた通り，2016年7月に面談室（桃井さんのサロン）を訪れます．

「私の話を聞いていただけますか」と，面談室のドアをノックして入った瞬間から，つらさのすべてを吐き出しました．2人の世話人に，約2時間，話をじっくり聞いてもらうと，心が少しずつ整理されていきました．
　そのとき，ピア・サポーターから生活の仕方のアドバイスがありました．「病気になって動ける容量が小さくなったのだから，今までの『6割』で生活することを心がけてみてください」というものでした．そして，「少しでも疲れを感じたら横になること」．そういえば朝起きてからずっと動きっぱなしで，横になった事なんてないかな．横になるのは布団で寝るときと思い込んでいました．初めて，今の私に必要なことを理解することができました．「疲れたら休む」，これならすぐにできる．さっそく心がけてみよう．「休んでもいいんだよ」と言われたようで，動きっぱなしの自分の姿が頭の中に浮かび，だからつらかったのだと，はっとしました．以前に相談に行った機関とは違った，生活に密着したわかりやすいアドバイスが心にすんなりと入ってくるようでした．実際のペットボトル（500mlの6分目）を見せられてのアドバイスだったので，視覚からイメージが湧いてきました．私生活を見直すポイントがわかったような気がしました．

まずは，疲れたら休む．家族に頼ってみようと思いました．その後，生活の仕方を意識してみると体がとても楽になり，気持ちに余裕も出てきま

した．今までいかに無理をしていたかに気づきました．

　けれども，「家族の私の病気への理解」はなかなか難しい部分もありました．そこで，すべてを理解してもらおうとせず，「今日は動きすぎたので，疲れたから休むね」「お風呂のお掃除は冷えるからお願いします」「この荷物重くて後でからだが痛くなるから手伝ってくれる？」と具体的に伝えることにしました．まずは「少しでも体に負担がかからないように」を心がけました．そして，病気をわかろうとしてくれる人には思いを伝え，たとえうまく意思が伝わらなかったとしてもクヨクヨしないように物事を割り切るようにしたら，身も心も生活しやすくなりました．

　もしかしてこれが私の6割の生活なのかなと思いました．

　これ以降は，「6割の生活」を目指して模索するという内容で，最後は「ピア・サポーターにアドバイスをしてもらった『6割』が病気とうまく共存するポイントだとやっとわかりました」と締めくくられています．

　スピーチの後，質疑応答の時間がとられました．私と桃井さん以外に6人いた参加者のうちの1人が，「6割」というのは具体的にどのようなことかと質問しました．これに対してMさんは，例えば家事を頑張った次の日は「今日は頑張らない」と自分に言い聞かせるようなことだ，と答えました．

　翌日，私は，桃井さんとEメールでやりとりする中で次のように述べました．

　……（全身性強皮症の体験には）発病前の自己イメージをかえて，身体に負担をかけないペースで仕事（家事も含めて）をコントロールする（「6割」の自分）という要素があり，もしかしたらそれが強皮症や他の自己免疫疾患，あるいは強い疲労などを特徴とする他の難病や障害にも共通するかもしれない物語の筋のタイプ（類型）といえるかもしれないと感じました．とはいえ，それが1つのタイプであるということは，実践するのが難しい，あるいは簡単には受け入れがたいということでもあるといえます．それゆえに，具体的にどのような生活の送り方になったのかと同病の方が質問されていたのではないか，という気がしております．……

すると桃井さんから,「メールをありがとうございます.次回は『Mさんの6割生活の経過』に焦点を当てた話し合いにしようと思います.具体的に何をどのように生活したか.ここが明らかになると,とても役に立つと思います」と返事がありました.

それから約2週間後の2021年3月22日,桃井さんから,Mさんがその後,ニューズレターへの寄稿や体験談発表のために,今回のスピーチ原稿に手を入れて仕上げたと知らせがありました.Mさんは,この時期新しく入った相談へ対応するためのオンライン面談や,同年6月に行われた「明日の会」オンラインサロンなどで,その原稿を用いたスピーチを行っています.

7　ローカルに構成される「共同体の物語」
——「6割」がもつ意味——

前節までに述べたことを振り返ってみると,Mさんの物語は,2019年9月20日に語られたものと,2021年3月6日に語られたものとの間で,いくつかの違いがあることに気づきます.

まず,全身性強皮症であることがわかった後の主人公の絶望については,2019年9月20日の物語では端的に受け入れがたさとして語られていましたが,2021年3月6日の物語では,そこに「休みたいけれど休めない」という極度の疲れやすさが加わっています.また,家族の描かれ方に注目すると,2019年9月20日の物語では,家族以外の場で語れることの重要性に理解を示してくれた点を中核としているのに対して,2021年3月6日の物語では,Mさんの疲れやすさに対して十分には理解しきれない点がむしろ多く語られています.そして,物語の全体的な筋は,前者では,主人公が「明日の会」との出会いを通してがん患者向けの帽子づくりに関わるようになり,生きがいを得る筋として読めるのに対して,後者の物語は,「6割」の重要性に気づいた主人公が,それを生活の中でなんとか実践していこうとする筋として読めます.

これは,1つには物語の聞き手によってもたらされる違いと考えられます.

2019年9月20日の聞き手は私であり，当時初対面の私に向けてMさんの変化と現況を明確に示せる事象が好まれたのかもしれません．それに対して，2021年3月6日のオンラインサロンに集まっていたのは全身性強皮症患者たち（ただし1名は他の疾患）であり，Mさんがどのように軌道を変えて生活していきたいか，より実践的な関心を前面に出すことで，有益な交流をこころざした可能性が考えられます．

いずれにせよ，ここで注目すべきことは，2021年3月6日の物語をめぐって聞き手側からの反応があり，それを通して「6割の物語」がよりはっきりと輪郭づけられていったという点です．まず，2021年3月6日オンラインサロンの最中の質疑応答において，「6割」とは具体的にどのようなことかという質問が出ています．もちろん質問はこれだけではなかったのですが，それでもこの点について質問が出たということは，それに興味をもっている聞き手がいることを示しています．また，集会後に私が桃井さんに送ったEメールでの感想は，単に直感として語られたものでしたが，桃井さんにはヒントあるいは提案として受け止められ，スピーチ原稿のヴァージョン・アップにつながりました．これは，前に述べた「共同体の物語」として「6割」の物語がスポットを当てられ，Mさんと聞き手たちとの間で共同的に構成されていった過程としてみることができます．

それにしても，なぜこのように「6割」の物語がクローズアップされるのでしょうか．誰しも，無理をしすぎて心身に弊害が表れることはあるでしょう．ペースダウンしようというありふれたことを，なぜ殊更に「6割」と呼ぶのか，判然としない人も多いかもしれません．この部分に接近するには，全身性強皮症の特徴をふまえる必要があると考えられます．次に挙げるのは，桃井さんが2018年10月26日の講演で述べた現況に関するくだりです．

　一見健康な人と変わらないように見えますが，病気はよくなっているわけではなく，薬でコントロールしている状態です．規則正しい生活で，自己

管理は徹底しています．入院前の苦しさは二度と味わいたくないので，体調が悪くなるようなことはしません．草むしりや拭き掃除など，力を入れる作業は，短時間でも苦しくなってしまいます．眠気は疲労のサインなので，瞼が重くなったらすぐ横になって1〜2時間は寝るようにします．

　一口に全身性強皮症といっても，さまざまなタイプが含まれるため，症状も人によって異なります．しかし，病状の過程において体にダメージを負い，以前のように壮健とはいえなくなる点は共通しているように見受けられます．そこで「無理をしない」ように生活することが重要になってくるのですが，この「無理をしない」という表現が感覚的にわからない，と桃井さんは体験談の中で再三にわたって述べています．次に引用するのは，2022年8月7日に私に送られた「強皮症患者の現実」と題された私信（エッセー）の一部です．

　　最初の血液検査で抗トポイソメラーゼI抗体陽性がわかったとき，私が最初にきいたのは「仕事はできますか？」で，医師が「無理をしなければ仕事はできます」と答えたので，私は「仕事ができるならいいか」くらいにしか思わずに診察室を出た．まだ皮膚硬化の症状はなくて，「いずれ診断」の言葉も軽く受け止めていた．でも，咳の苦しさに耐えながら仕事に行く内に「無理をしないってどういうこと？」と思うようになった．これまで「無理をした」という自覚がないから，「無理をしない」という線引きがわからない．「これまでのように動かないよう気をつけよう」と思っても，仕事に行っている以上，どうしても自分でやらなければならないこともある．先行き体調がどうなるのか予想もできないから準備しておくこともできなくて，結局自分でやることになってしまう．気づいたときには坂道を転げ落ちるように症状が悪化し，起きていられない状態になってしまった．

　仕事や家事，その他の活動を完全にできなくなるわけではないけれども，量的にそのまま保つことが難しい場合，その調節は完全に「自己管理」の名のもとに患者にゆだねられることになります．しかし，その際「無理をしない」と

いうメッセージは，その曖昧さゆえに活動の一部を放棄する行為の動機としては不十分であり，いきおいルーティーンに流されやすくなると考えられます．

　こうしてみると，「6割」というのは，具体的な目標として提示される点に特徴があると考えられます．それによって「私は別に無理はしていない」という態度はとりにくくなるでしょう．「6割というのは自分の場合どのような生活なのだろうか」「6割を実現するにはどうすればよいのだろうか」「6割なんて実現できるのだろうか」「本当に6割でなければならないのだろうか」——これらのように「6割」をめぐってさまざまな問いかけが自分の中で発生し，それをめぐって思考と試行が展開しやすくなるのではないか．そこにこそ「6割」の物語の特徴があるのではないかと考えられます[7]．

8　物語の混沌を聞くこと，共同体の物語を構成すること
——セルフヘルプ・グループにおけるピア・サポートの特質——

　ここまで，桃井さんとMさんの事例を通して，絶望や混乱の中から立ち上がる自己物語の存在と，その過程において聞き手と構成される共同体の物語が認められることを述べました．最後に，これまで論じたことをまとめながら，セルフヘルプ・グループにおけるピア・サポートの特質について考察します．

　セルフヘルプ・グループのもっとも基盤的な機能と意義は，物語の混沌を許容する場になりうる点にあると考えられます．具体的にみると，桃井さんの場合は，難病相談支援センターとがんサロンが，Mさんの場合は「明日の会」が，そのような場になっています．このことから，専門的相談機関のスタッフ，同病ではない人との語りの場，および同病者によるセルフヘルプ・グループは，難病をもつ人にとって物語の聞き手となる可能性をもっていると考えられます．物語の混沌は，たとえ親しい人であっても聞き続けるのはつらく，負担になります．むしろ，訓練と経験を積んだ人，あるいは聞き手の役割を果たす集合的な場があることによって，病いに苦しむ人は明確な声や文字で語る機会を得られます．このことが，必ず語り手の変化をもたらすわけではありませんが，

他者からの反応によって，また自分自身の語りを聞くことで，物語を変化させるきっかけが生じやすくなる．つまり，「変化させる」のではなく「変化の可能性に開かれる」点に，こうした場の意義があると考えられます．

　それらの中で，同病者によるセルフヘルプ・グループにおいて特徴的と思われるのは，参加者の間で「共同体の物語」が構成されようとする過程が見える点です．桃井さんとMさんとの出会いは，「明日の会」やスマイルでの活動という共通した要素をそれぞれの自己物語に組み込ませ，結果的に2人の自己物語は類似性を感じさせます．もちろん，それはあくまでも2019年9月20日時点で2人の間に観察できる類似性にすぎません．しかし，他の人が共通する要素をもつ自己物語を語ったり，それらが聞かれたりする度合いに応じて，「共同体の物語」として際立たせられる可能性も考えられます．他方で，その後のMさんの語りをめぐって，私を含む聞き手たちとのやりとりを通じて「6割」の物語が，別の「共同体の物語」として浮上しています．これは，極度の疲れやすさという点で共有されやすいのではないかと想像はされますが，それでも，疲れやすさをどの程度主題化したいのかによって必要とされる度合いは異なるかもしれません．また，「6割」を実践しようとする筋は，裏を返せば，それを実践する難しさを示すものでもあり，つまり「6割」の生活の実現を簡単には語りきれない人が少なからずいることを自ずと含んでいるといえます．

　このように考えると，共同体の物語は，参加者にとって，生き方の可能性を示し，物語のタイプを感受させる重要な役割を果たすけれども，それは，あくまでも限局的なものとしてとらえられるべきであって，セルフヘルプ・グループのすべての人に共有されるものでもないし，共有すべきともいえないことがわかります．また，付け加えるなら，「6割」の物語は，事例検討から導き出されたもので，類似の状況にある人たちの間で再現するかもしれない，「明日の会」における物語のレパートリーのようなものと考えられますが，あくまでも共同体の物語のひとつにすぎず，それ以外の共同体の物語が出現する可能性も当然あります．

　これらのことがなぜ重要かというと，ひとつのグループで一枚岩のように共有される共同体の物語があるとイメージしてしまうと，それは「語られるべき」ものと感受され，規範性を帯びやすくなってしまうと考えられるからです．これは，たとえば，グループの中心となるメンバーが自分と異なる物語を受け入れられなくなる，あるいは，グループに共感的な専門家や支援者が，いわゆるロール・モデルとなるような模範的な物語を期待してしまうといった形で表れると考えられます．しかし，そのような状態が硬直してしまうと，模範的な物語に適合しやすい一部の人を除いて，グループは語りやすい場ではなくなり，ピア・サポートとしての機能を失っていくでしょう[8]．

　そのようにならないために，共同体の物語は，グループの内部においても，必要とされる度合いに温度差が伴い，語りやすさ／語りにくさも伴うことを，むしろはっきりと認識すべきでしょう．そのためには，共同体の物語が共有されたりされなかったりする様を観察する研究が役立つだろうと考えられます．

注
1）　この章では，全身性強皮症の医学的説明は必要最小限にとどめています．平易で，一般に入手可能な最近の文献としては，難病情報センター（2023），佐藤・藤本・浅野・神人編（2018）のほか，群馬大学大学院医学系研究科皮膚科と後出する「明日の会」，および群馬県難病相談支援センターによって作成された患者向けハンドブック（群馬大学大学院医学系研究科皮膚科ほか 2020）があります．
2）　たとえば，全身性強皮症患者のうち手指を中心とした皮膚潰瘍（digital ulcer）による痛みを経験する29名へのフォーカス・グループ・インタヴューを行った最近の論文（Jones et al. 2020）では，この病気に関する質的調査研究は皆無だったと述べられています．
3）　桃井さんとMさんについては，調査への協力を了承いただいたうえで，本稿を事前に送付し内容について確認いただき，併せて修正に関する意見をいくつかいただきました．
4）　これは後述する桃井さんの体験手記であり，自費出版のため一般には流通していません．フィールドワークにおける文書資料として引用の都度出典を示します．
5）　難病相談支援センターは，1998年4月9日の厚生労働省保健医療局長通知（健医発

第635号）で，地域で生活する患者等の相談・支援に関わる拠点として位置づけられ，各都道府県において2007年度末までに設置されました．事業実施主体は各都道府県ですが，適切な事業運営の確保が認められる団体に委託できるとされたため，委託先は多様です．2015年1月1日に施行された「難病の患者に対する医療等に関する法律」（通称「難病法」）においては，都道府県は「療養生活環境整備事業」を行うと定められていますが，その一環である「難病相談支援センター事業」には，ピア・サポーターの養成，ピア・サポート活動の支援，および，必要に応じて，難病相談支援センターの相談支援員とピア・サポーターとが協力して相談支援を行うよう努めることが定められています．つまり，ピア・サポーターを養成することは，法律に根拠をおく事業の一部になっています．

6） その後，COVID-19（いわゆる新型コロナウィルス感染症）感染拡大の影響を受けて休止状態となりました．

7） ここで「6割」は一種の具体的な知恵のようにも見えるので，伊藤（2009）でレヴューした「体験的知識論」との異同について考えてみます．これは，セルフヘルプ・グループでは「専門的知識」と異なる「体験的知識」が伝達されていると主張し，それによってセルフヘルプ・グループを固有に特徴づけようとするT. Borkmanの説で，後に，体験的な知識は「ストーリー」の形をとって伝達し，メンバーはそれを学習することで成熟した段階に変わるとも論じられました（伊藤 2009: chap. 2）．確かに，ここでの「6割」は「体験的知識」と呼んでも違和感を持たれにくい例ですから，物語の中には「体験的知識」という見方でとらえられるものもあるとはいえるかもしれません．しかし，先に述べた，物語の混沌を吐き出せる場をみつけて患者が社会とのつながりを再び見いだす筋の物語が共有される場合，それを端的に「体験的知識」とは呼びにくいでしょう（そのような物語すら「体験的知識」と呼ぼうとすると，もはや「知識」という言葉を使う意義はなくなると考えられます）．したがって，ここでいう「物語」と「体験的知識」とは，部分的に重なることはありうるが，同じではないと考えられます．また，「体験的知識」はセルフヘルプ・グループのメンバーが身につける（あるいは，身につけるべきだという）ことが自明視されますが，「6割」の物語を指し示すことは，それを身につける難しさ，語り難さにも同様に注目することになる点でも，両者は異なるといえます．

8） ただし，この点については，伊藤（2009）が扱ったアルコール依存のセルフヘルプ・グループは例外的といえるかもしれません．というのも，このグループには「断酒」（最初の一杯に手をつけないこと）という明確な目標があるため，物語の結末にそれを実践する主人公が要請されます．飲酒行動の抑制に資する，あえて模範的な物語が初期設定されているタイプのグループといえるでしょう．

参考文献

Frank, A.W., 1995, *The Wounded Storyteller: Body Illness, and Ethics*, Chicago: The University of Chicago Press.（＝2002，鈴木智之訳『傷ついた物語の語り手──身体・病い・倫理』ゆみる出版.）

群馬大学大学院医学系研究科皮膚科・強皮症患者会「明日の会」・群馬県難病相談支援センター，2020，「強皮症患者の明日のために──強皮症患者のためのハンドブック」（2023年9月30日取得，https://nanbyou.med.gunma-u.ac.jp/info_w/wp-content/uploads/2021/09/%E5%BC%B7%E7%9A%AE%E7%97%87%E3%83%8F%E3%83%B3%E3%83%89%E3%83%96%E3%83%83%E3%82%AF_2021.pdf）.

伊藤智樹，2000，「セルフヘルプ・グループと個人の物語」『社会学評論』51（1）: 88-103.

────，2009，『セルフヘルプ・グループの自己物語論──アルコホリズムと死別体験を例に』ハーベスト社.

────，2021，『開かれた身体との対話── ALS と自己物語の社会学』晃洋書房.

伊藤智樹編，2013，『ピア・サポートの社会学── ALS，認知症介護，依存症，自死遺児，犯罪被害者の物語を聴く』晃洋書房.

Jones, J., M. Hughes, J. Pauling, R. Gooberman-Hill and A. J. Moore, 2020, "What Narrative Devices Do People with Systemic Sclerosis Use to Describe the Experience of Pain from Digital Ulcers: A Multicentre Focus Group Study at UK Scleroderma Centres," *BMJ Open*, 10（6）（2023年2月7日取得，https://bmjopen.bmj.com/content/10/6/e037568）

難病情報センター，2023，「全身性強皮症（指定難病51）」（2023年9月30日取得，https://www.nanbyou.or.jp/entry/4026）

佐藤伸一・藤本学・浅野善英・神人正寿編，2018，『強皮症を正しく理解するための本──検査の意味 治療からリハビリまで』医薬ジャーナル社.

水津嘉克・伊藤智樹・佐藤恵編，2020，『支援と物語（ナラティヴ）の社会学──非行からの離脱，精神疾患，小児科医，高次脳機能障害，自死遺族の体験の語りをめぐって』生活書院.

2

ピア・スタッフは自分をどのように見せるのか
───精神障害のピア・サポートの現場から───

櫛原克哉・添田雅宏

1　精神障害のピア・サポートとは

　うつ病，双極性障害，統合失調症．こういった言葉を聞いたことはあるでしょうか．これらは精神障害や精神疾患と呼ばれるものになります．現代では「こころの病気」として総称されることが多いですが，ピア・サポートは精神医療の領域にも根づきつつあります．

　日本は世界的にみても，人口あたりの精神科病床数がきわめて多い傾向が続いてきました（OECD 2021）．また，入院が長期間に及び，地域での生活に移行できない「脱施設化（deinstitutionalization）」の問題や，本人の意思に反するかたちで入院させる非自発的入院の問題も指摘されてきました．2022年8月には，障害者権利条約（日本は2014年に批准）に関する政府の取り組みの審査がなされ，そのなかでは精神障害者の権利が十分に保障されていないことについての改善勧告もなされています．

　これらの問題に取り組むのは，精神医療の専門家だけではありません．近頃は「当事者」という言葉もよく耳にしますが，精神疾患や障害を抱えながら生きてきた人々の生きた経験や知恵も問題解決のためには不可欠です．病や障害とうまくつきあっていくためにはどうしたらよいか．退院して地域での生活を始めていくにはどうしたらよいか．こういった悩みや相談に寄り添うことができるのが，ピア・サポートの強みの1つです．精神障害のピア・サポートのな

かには，体調が悪いときの対処方法について話し合う「元気回復行動プラン（WRAP）」や，実際に病院を訪問して，入院している患者さんに自らの病や退院の経験を伝えにいく活動までさまざまなものが含まれます．

　ピア・サポートを行っている人々を表す名称にはさまざまなものがありますが，ここでは「ピア・スタッフ」と「ピア・サポーター」の2つの言葉を取り上げたいと思います．ピア・スタッフは「事業所等に雇用契約のもとで雇われ働いている者」を，ピア・サポーターは「雇用契約という形ではないものの有償であったり，あるいはボランティアによる支援を行う者」を指すことが多いといいます（種田 2019: 14）．両者の大きな違いとして，雇用契約の有無があります．また，2021年度の障害福祉サービス等報酬改定にともない，事業所に雇用されているピア・スタッフが行うピア・サポート[1]は，有償で実施し報酬を得ることができるようになりました．このような背景もあって，ピア・スタッフの活動は組織や事業所の方針や意向の影響を受けやすい面があります．これに対してピア・サポーターは，より自由に活動しやすいともいえます．

　本章では，精神障害，特に統合失調症のピア・スタッフについて，実際に働いている人の経験をもとにみていきます．

2　ピア（利用者）とスタッフ（支援者）のはざま

　ピア・スタッフは，その名の通り「ピア」であると同時に「スタッフ」です．精神障害を抱えている／抱えていたという点では，事業所の利用者と対等な立場になりますが，一方で利用者を支援する立場でもあります．「あちらを立てればこちらが立たぬ」ともいいますが，「ピア」になりすぎるとスタッフとしての職務がおろそかになり，十分に期待に応えられなくなる可能性があります．「スタッフ」になりすぎると，本来の持ち味だったはずのピアの部分が薄れ，支援者と利用者という関係性に固定されやすくなってしまいます[2]．さらに，これまで利用者だった人が新たにスタッフとして雇用される場合，支援者になる

ことへの戸惑いや葛藤のほか，他の利用者との関係性——これには「なんであの人が」といった羨望や妬みといった感情的な反応も含まれます——も変化せざるをえなくなります．

　これらの問題は相川（2013）のなかで詳細に扱われており，相川によると，ピア・スタッフの固有の位置づけは，対話的自己論（Hermans, Kempen & Van Loon 1992）とポジション論（溝上 2001）を援用すると理解しやすくなるといいます．前者の対話的自己論では，ピア・スタッフとしての「私」のなかには，利用者としてのポジション（コンシューマー（consumer, 利用者））と支援者としてのポジション（プロバイダー（provider, 支援者））の両方が併存していると考えます．この2つは相反する関係になりやすく，うまく統合されないと，自分がコンシューマーかプロバイダーのいずれでもなく，何者かがわからなくなってしまう「ポジション葛藤」に悩みやすくなるといいます．そして，後者のポジション論のなかでは，このようなジレンマ的な状況を脱する鍵として「プロシューマー・ポジション」の獲得が指摘されています．プロシューマー（prosumer）とは，プロバイダーであると同時にコンシューマーでもある人のことを一般的に意味します．「プロシューマーは，コンシューマー・ポジションとプロバイダー・ポジションの両方のポジション間を行き来する」ことに特徴があるといい，「そのアイデンティティは，固定的なものではなく，他者との関係性によりつくられます．そこに自ら境界を決める自由をもつものとして，プロシューマー・ポジションを創造することが必要となる」（相川 2013: 55）といいます．

　コンシューマー（利用者）とプロバイダー（支援者）の相反する立場のなかでさまざまな葛藤を経験することで，プロシューマー・ポジションにたどりつくことができるといいますが，そのなかでは「利用者でもある私」と「スタッフをしている私」という二重の自己像を調和させていくことが肝要であるといいます．相川はプロシューマー・ポジションの典型例として，「悲しいかな，利用者でもスタッフでもない」（相川 2013: 55）というピア・サポーターの語りを挙げています．このように曖昧かつ流動的なポジションに悩みつつも「自分は

自分」といったかたちでアイデンティティを形成していくことが，プロシューマー・ポジションの生成の鍵となるようです．「プロシューマー・アイデンティティの形成とは，こうした危機への対処，すなわちプロシューマーに関する価値が相対化している状態から意識的に特定の価値にコミットすることで，自分なりのプロシューマーとしての自己像を形成していくプロセス」（相川 2013: 57）であるといいます．

　一方で，組織や事業所に雇用され，報酬も支払われているスタッフについて考えた場合，雇用者側からどのようなポジションや役割が期待されているかという点も考慮する必要が出てきます．その場合，コンシューマー（利用者）としての「私」よりも，雇用関係にもあることから，プロバイダー（支援者），すなわちスタッフであることが期待されやすいといえます．そのため，誰でもスタッフになれるとは限らず，その資質や向き／不向き，健康状態なども採用の際には考慮されることもあります（Ockwell & Pearce 2019）．また，組織の運営上の理由で，ピア・スタッフには自らの経験を活かして働いてもらうというよりは，あくまで「生きた経験を持ったワーカー (lived experience worker)」として，職務を遂行することが優先的に求められることも少なからずあります（Ockwell & Pearce 2019）．さらにピア・スタッフの同僚，特に専門職者のなかには「ピア・サポーターが自らの経験を自己開示することをよく思わない人」（相川 2013: 83）もいることや，支援者と利用者のあいだには一定の距離感が必要と考える人がいることについてもふれられています．このように組織や周囲の人々との関係性も考慮して，「ピア」であることを見せたり，見せなかったりする必要もあるようです．

　では，雇用者側との関係性のなかで，ピア・スタッフはコンシューマーとプロバイダー，そしてプロシューマーとしての「私」をどのように経験し，他のスタッフや利用者と関わり，そこからいかなる立ち位置や自己像を導出しているのでしょうか．

3　本章のキーワード
——自己と自己呈示——

　これらの問題を考えていくにあたって，役に立つ社会学のコンセプトを2つ紹介したいと思います.

（1）「自己（self）」

　ピアとスタッフという二足のわらじを履くと，なぜ居心地が悪くなったり，立ち位置が難しくなったりしてしまうのでしょうか. この背景には，1人の人が相反する複数の「自己」を同時に有することが難しく，周囲の人もそれを許容しにくいということがあります. 心理学者のE. H. エリクソン（Ericson, 1902-1994）が提唱した「アイデンティティ（自己同一性, identity）」という考え方（Ericson 1968＝2017）に代表されるように，人の態度や行動にはある程度の一貫性が求められやすく，これがなければ周囲の人の目には「あの人はよくわからない」，「無責任だ」と映りかねないほか，本人もアイデンティティ・クライシスともいわれる自己を見失う危機に見舞われかねません. ゆえに私たちは自己の一定の不変性やパターンを見出したり，カテゴリーを用いたりして「自己」をとらえようとします. たとえば，私の仕事上の立場は何か，どんな人柄か，過去から現在までの生活はどのようなものかといった観点から判断や評価を試みます.

　一方で，自己は常に固定的なものとは限らず，状況や場面によって流動的に変化するものでもあり, この点も社会学における自己の重要な特徴になります. たとえば，家庭では「子」，学校では「学生」，アルバイトでは「店員」といったかたちで，一人の人が複数の自己をもち，それらを使い分けながら生活することは珍しくありません. そのためには目の前で何がおこっているのかを的確にとらえ，それが何を意味するのかを把握し，その場に適した自己になる必要があります.

　この点を重視したのが，社会学者のH. G. ブルーマー（Blumer, 1900-1987）で，シンボリック相互作用論と呼ばれる理論を提唱したことで知られています（Blumer 1969＝1991）．たとえば，玄関のドアを開けた後に「ただいま」と言う人は多いと思います．このとき，その人にはしばらく別の場所にいた家族と再会するという状況が「表示（indication）」され，これに対し「ただいま」とあいさつをした方がよいという「解釈（interpretation）」がなされた，とシンボリック相互作用論では考えます．このように人が心のなかで行うコミュニケーションを「内的コミュニケーション」と呼びますが，特に重要なのは「自分自身との相互作用（self-interaction）」が行われる点になります．つまり，表示された状況を解釈し，あいさつする／しないかを自分自身に問いかけたうえで，「ただいま」と発話する行動を選んだわけです．当然，あいさつをしない選択がなされることもあります．たとえば，外出前に家族とけんかしたという事情があれば，帰宅して家族の姿を見ても「まだ普段通りに接するわけにはいかない」という解釈がなされ，あいさつしないこともあります．

　さらに，あいさつされる／されないことの意味は，一般的に家族も理解しており，このような複数の人々で共有されている事柄とその意味を「有意味シンボル」といいます．では，今度は学校で「ただいま」と言ったらどうでしょうか．おそらく周囲の人から怪訝な反応をされるかと思います．なぜならば，学校で「ただいま」と言うことは有意味シンボルとして共有されていません．したがって，「自己」とは置かれている状況や他の人との関係性のなかで，その都度生起し変化していく動的なものということになります．

　「自分自身との相互作用」というアイデアに大きな影響を与え，ブルーマーも著書のなかで紙幅をさいて論じているのが，社会心理学者・哲学者のG. H. ミード（Mead, 1863-1931）の思想で，ミードは「主我（I）」と「客我（me）」という概念を用いて自己の成り立ちを説明しました．主我とは，「私」をめぐる経験や意識の流れを意味します．客我とは，他者の目を通してみた「私」になります．先ほど，家庭では「子」，学校では「学生」，アルバイトでは「店員」

である「私」の例を取り上げましたが，これらはそれぞれの場面で他の人から「そうであること」を期待されている客我の集合ということになります．学校で学生が先生のようにふるまったり，アルバイト中に客のようにふるまったりするわけにはいかないので，「子」や「店員」としての客我に留まろうというわけです．このようにさまざまな客我を私たちは使い分ける一方で，家にいても学校にいても職場にいても，「私」が「私」であることには変わりません．このような複数の異なる客我を通しても持続する「私」の感覚が，主我ということになります．

　客我は，他者の期待や要望を新たに取り入れることで，これまでとは異なる客我を生み出したり，変化をくわえたりすることができるという特徴もあります．先にみたピア（利用者）とスタッフ（支援者）という客我をめぐる問題もこれに関連し，ピアだからこそ利用者の思いや経験を共有できることが一般的には期待されますし，スタッフとしてはどのような期待が自分に向けられているかが焦点になります．さらに，前節の内容も参照するならば，ピアでもスタッフでもない新たな客我として，プロシューマーとしての客我が生み出される可能性もあります．このようにさまざまな客我を経験していくなかで，ピア・サポーターには精神障害の支援の現場が抱える困難や課題を解決につなげていく役割も期待されているといえるでしょう．

　このようにシンボリック相互作用論における自己とは，他者の視点も取り入れながら自分自身と相互作用する自己ということになります．一方で，私たちが個々の状況や場面のなかでどのような自己を相手に示すかという，より具体的・実践的な側面に注目すると，相手の反応や出方の方も重要になってきます．これに関連するのが，次のコンセプトである「自己呈示」になります．

（2）「自己呈示（self-presentation）」

　自己呈示は，社会学者のE. ゴフマン（1922~1982）が『行為と演技——日常生活における自己呈示（*The Presentation of Self in Everyday Life*）』（Goffman 1959＝

1974）という著書のなかで提起した概念になります．ゴフマンの社会学の最大
の特徴の1つに，日常生活を演劇（ドラマ）という視点から分析したことがあり，
そのアプローチは「ドラマツルギー」と呼ばれます．ドラマの名を冠する通り，
ドラマツルギー・アプローチでは人々が一緒にいる場を劇場に見立てて分析し，
そこにいる人々も互いに演技をし合っているものとして考えます．すると，そ
こで示される「自己」も適切な演技や役柄というかたちで観客に「呈示
（presentation）」するものということになります．たとえば，不特定多数の人が
乗り合わせている電車のなかで，友人と会話をする場面を想像してみてくださ
い．そのとき，自分が話したいことをただ話しているだけとは限らず，おそら
く話し声が聞こえる他の乗客のことも意識せざるをえないと思います．そのた
め，会話の内容を差し障りのないものにしたり，声を小さめにしたりするといっ
た配慮をすることがあります．このように公共の場でのマナーを守る乗客とい
う役が演じられることで，状況に適した「自己」が他の乗客に呈示されている
わけです．もう1つ注意する必要があるのが，他の乗客もいわば観客として，
何らかの自己呈示をすることがある点です．興味がある話題が話されていても
口を挟んだりしませんし，会話中の人たちをじろじろ見たりしないのが一般的
です．これをゴフマンの用語で「儀礼的無関心」というのですが，ここで留意
したいのが，他の乗客たちもまた，直接的なコミュニケーションはないにせよ，
「他人」という自己を呈示していることです．このようにそれぞれの人が相互
に演技し合っていることで，公共交通機関の秩序が維持されている，あるいは
演じられている部分が大きいといえるでしょう．

　どのような自己を呈示するかは，その場の状況や他の人の反応に依存します．
計画的であるというよりは即興の部分が大きく，うまく対応できれば適切な自
己を保つことができることになります．ピア・スタッフでいうならば，相手の
ニーズや期待に応じて，スタッフとしての自己を呈示するか，ピアとしての自
己を呈示するか，その選択が焦点になります．選択の結果，スタッフとしての
自己呈示が相手に受け入れられ，円滑なコミュニケーションをとれることもあ

るでしょう．逆に関係に距離が生じたり，ぎくしゃくしたものになったりして
しまうこともあるでしょう．いずれも相手の出方次第のところが大きく，その
後の相手の自己呈示によっては，自身の自己呈示のしかたを修正していくこと
も往々にしておこりえます．この意味でピア・スタッフは状況や相手の様子を
随時うかがいながら，その都度呈示する自己を選択し，実際に演じる必要があ
るといえます．もちろん，直接やりとりをしている相手以外にも周囲に人がい
れば，その人たちに自分がどのように見えるのか考慮する必要が出てきます．

　ここまでの内容をまとめます．まず，自己には単一で変わりにくい側面のほ
かに，個々の状況や場面ごとに複数の自己が生起し，移ろっていく側面もあり
ます．後者の自己は，目の前で起こっている出来事の意味を解釈することや，
他の人からどのような自己が期待されているのかを考慮するプロセスを経て生
起していきます．一方で，実際に周囲の人々がいる前で展開する実践的な局面
に着目した場合，どのように自己呈示を行うのかが鍵となります．自己呈示は
その場の状況や相手の反応次第で行われるという点で，柔軟性や可変性に富ん
だものとなり，その都度適切になされることで，周囲に受け入れられる「自己」
を保つことができることになります．他方，首尾よく行われないことも少なか
らずあり，その場合は自己呈示のしかたが修正されていくこともあります．

　次節では，ピア・スタッフが自己呈示をどのように行っているのかについて，
実際のケースをもとに見ていきたいと思います．

4　ピア・スタッフは自分をどのように見せるのか

（1）発病からピア・スタッフになるまで

　ここからは，東京都西部の多摩地域にある社会福祉法人多摩棕櫚亭協会（以
下，棕櫚亭と記載）で，現在ピア・スタッフとして働いている櫻井博さんのこれ
までのご経験や支援活動について見ていきます[3)]．

　多摩地域は1954年から1974年の高度経済成長期に，多摩ニュータウンに代表

される大規模なベッドタウンとして開発が進められるとともに，精神科病院の
設立も相次いでなされた場所になります．現在も東京都全体の精神科病床2万
1591床の約7割に相当する1万5105床の病床を有しています（東京都立多摩総合
精神保健福祉センター 2021）.

　棕櫚亭は1987年に設立されました．設立の背景には多摩地域の精神医療を変
えたいという創設者らの思いがあり，精神科病院への入院を余儀なくされる
人々が，地域で明るく安心して生活できるように棕櫚亭は活動してきました.
理念として「精神障害者の幸せ実現のために地域を創造することを目指してい
く」ことがあり，地域活動支援センターや就労移行支援事業，自立訓練事業（生
活訓練）などの事業を行っています（棕櫚亭のパンフレットより）.

　櫻井さんが統合失調症（幻覚や妄想などさまざまな症状が現れ，考えや気持ちがまと
まらなくなる状態が続く精神疾患）を発症してから棕櫚亭のピア・スタッフになる
までの経緯を見ていきたいと思います.

　ある朝，目覚めると突然虫になっていたというエピソードから始まる『変身』
というフランツ・カフカの小説がありますが，19歳の時のある日の朝の体験は
これに近かったと櫻井さんは語ります．大学受験当日の朝，虫や鳥の声が聞こ
えるのですが，何やら自分に語りかけているような不思議な感覚がしたそうで
す．全世界が自分に注目しているような感じを覚え，結局その日の朝は起き上
がることができなかったといいます.

　1978年，心配した両親によって，タクシーで深い森のなかにあるような病院
に行くことになりました．当時の病院には，一度入院したら二度と出られない
場所というイメージがあったため，櫻井さんにとって入院はとても恐ろしいも
のでした.[4] 怖さゆえに処方された薬も飲めず，見かねた医師は注射を打ちまし
た．すると効果が強く出すぎてしまったせいか，尿毒症（毒素や老廃物を体内か
ら排出できずにため続けてしまう病気）を発症し，命に危険が迫ります．そのため
急きょ転院することで，一命を取り留めます.

　その後退院し，大学に入学します．3年生の時に1年間入院しましたが，4

年で卒業することができました．卒業後は百貨店で5年間，福祉用具を扱う会社で7年間働くなど，数年単位でいくつかの仕事を続けてきましたが，40代になるまでの期間には「10本の指で収まるぐらい」の回数，入院することがあったといいます．

　45歳の時，入院をきっかけに櫻井さんは棕櫚亭を知り，退院後は地域活動支援センターという，障害のある方々が簡単な作業を行ったり，集まって話をしたりする場所に通い始めます．その建物の入り口辺りで，櫻井さんは，棕櫚亭という見覚えのある文字が書かれたゴミ箱を見かけたことをきっかけに，棕櫚亭を見つけることができました．

　当時の2005年前後は，退院促進事業が全国で始まった時期でした．この事業は，受入条件が整えられれば退院可能な精神障害者の生活の場を，病院から地域に移行させていくことを目的としています．棕櫚亭も都から事業の委託を受け，地域での生活支援のための事業をスタートしました．そこで櫻井さんも棕櫚亭のメンバー（利用者）になると同時に，ピア・サポーターとしてこの事業に関わることになりました．病院への出前講座では病院に訪問して，櫻井さんが退院するまでの体験談を入院患者さんたちに話したり，退院後の生活の楽しさや充実を伝えたりしました．ピア・サポーターが集まる茶話会にも参加するようになり，会のファシリテーションをする際には，参加者全員にとって心地よい雰囲気づくりに励み，取り残される人が出ないように配慮しました．このときの経験が，現在のピア・スタッフとしての活動の原動力になったとふり返られていました．

　2011年に50歳になった頃，櫻井さんは精神医学について改めて学んでみたいと思うようになり，福祉の専門大学に入学し，精神保健福祉士（Psychiatric Social Worker: PSW）[5]の資格を取得します．その後，棕櫚亭でアルバイトをしたい旨を申し出ると，フルタイムでの週3回勤務を提案され，櫻井さんはピア・スタッフとして正式に働き始めることになりました．

（2）〈ピア〉と〈スタッフ〉のあいだで揺れ動くこと

　ここで目線を変えて，スタッフを雇用する側である社会福祉法人多摩棕櫚亭協会の理事長の小林由美子さんにも，当時の経験をふりかえってもらいました．まだ「ピア」という言葉もほとんど知られていなかった時代，ピア・スタッフとして櫻井さんにどのように働いてもらうか，その方針を決めるまでには紆余曲折もあったようです．

　　その時に経営陣で議論になったのが，「ピアの前に職員でしょ」っていうのがあって．要するにピア相談って，ちょっとやっぱり雲をつかむようなもんなんですよね．専門家の相談と，ピアが受ける相談だからピア相談なんだけど，ピア相談って何なのかっていうのがよくわかんないところで．いきなりピア相談の時間っていうふうに櫻井さんの時間をつくったとして，櫻井さんにとってもそれがいいのかよくわからないし．だからやっぱりそういうものを櫻井さんにも体験してもらってもよくないし，うちがいきなりそれをやるっていっても何にもよくわからないから，まずは職員として働いてもらうってことを選んだんですね．だから職員とおんなじ仕事してもらう．そして年月をかけながら，一緒にピア・スタッフという仕事を櫻井さんと作り上げていこうと思ったんです．

　小林さんのお話の背景には，棕櫚亭が設立されて以来，大切にしてきた考え方があるといいます．精神障害者は当時，医療を必要とする「患者」として一面的に見られがちでした．これに対して，必要かつ十分な環境さえ整えられれば，障害があっても働き，活躍することができると棕櫚亭では考えられてきました．この考え方は就労支援に力を入れてきたこれまでの活動にも連なるものであり，そのためまずは「スタッフ（職員）」としての役割が期待されやすかったようです．こうして櫻井さんも，スタッフと同様にプログラムの運営，パソコンでの入力作業，電話応対などをまかされるようになりました．ただ，出勤して最初にかかってくる電話に苦手意識をもっていたため，これについては他

のスタッフに代わってもらうといった配慮もしてもらったようです.

　2節でみた,プロシューマー・ポジションをめぐる問題とも共通しますが,櫻井さんもスタッフとピアの異なる役割のあいだで葛藤し苦悩することがあったようです.しかし,経験を積み重ねていくにつれて,徐々に両者の役割のあいだを「揺れ動く感じ」がだんだんつかめてきたといいます.

　　すごい自分のなかで葛藤があったんですね.PSWを取るときは,支援者としてみんなの手助けができないかみたいなことを思ってて.PSWの専門性を切り離してプログラムで一緒に活動するっていうところに,ずいぶん葛藤はあったんですけども.自分でピア・スタッフっていう位置をどこに持ってくかって考えたときに,やっぱり支援者とピアとの間で,揺れ動くようなかたちで支援者側に行ったり,ピアのほうに行ったり,そう,揺れ動くなかで仕事をするっていうのは,一番ピア・スタッフとしてはやりやすいんじゃないかって思ったんですよね.PSWを表に出して,じゃ,相談支援業務ですよっていうことでそういうことをやる,専門性を活かすっていうのも1つのやり方なんだけれども.僕はむしろピアと一緒に動いてて,それで支援者とピアとの間で,揺れ動く感じで仕事ができるんじゃないかなっていうことは感じたんですよね.

　PSWの専門性を前面に打ち出した支援者としての自己がある一方で,もう一方にはピアとしての自己があります.そのいずれにも偏らない「揺れ動く感じ」が徐々に身についてきたといいますが,この背景にはピアとしての自己呈示に困難や限界を感じた経験もあるといいます.

　これを象徴するエピソードとして,「被害妄想」にとらわれているメンバーにピアとしての自己呈示を行ったことがあります.そのメンバーの方は,電車のなかで常にAという人物に監視されていることや,隣の座席に座ったBという人物が,自分のことを嫌がり決まって席を立つと訴えていました.これに対して櫻井さんは,なぜ同じ電車にいつもAとBという人物が乗り合わせること

ができるのかなど,「間違った幻想」であることを一生懸命に説明しようとします. しかし,「それがいいかどうかはちょっと疑問」に思う部分もあるようです. というのもその場では一定の理解を示してくれても, 次に会ったときには元の考え方に戻っていたり, 状態が悪化してしまっていることもあるからです.

> 自分としては仕事として, 何とか治したいって思いがあったんだけれども, 治んないんだなって. 幻聴に関しても,「聞こえるんです」って言うから,「いや, それはそうだよ, 僕だって, たとえば誰々さんのことを耳にしようと思って, 頭の中で再生しようと思ったら再生できるよ」っていうことを言うんだけど.「僕もその幻聴あったんで, 聞こえるよ」って.「いろんな人が擦れ違いざまに, 自分のこと言ってるって, その言葉を拾い集めることもあるよ」って言うんだけども, ただ, 治ってくれる人はいないんですよね.

ピア・スタッフに「治す」役割が直接求められるわけではありませんが, ピアとして自身の体験談を開示しても, 幻聴の悩みがなかなか消えないことに歯がゆさや行き詰まりを覚えている様子がうかがえます. 他の「健常者スタッフ」が「え？ それって被害妄想だよね」といった端的な言葉で, そのメンバーに「被害妄想」であることをより直接的に気づかせようとする方法にも, 一定の有効性があるのではないかと考えたこともあるそうです. ただ, 櫻井さん自身も, 自身の悩みが「被害妄想」であると家族や友人に繰り返し言われ続けてきたものの,「わかるようになるまで」には20年ぐらいの歳月を要した経験もあり, すぐには快方に向かうものではないという考えもあるといいます.「やっぱり治すのはお医者さんなんだな」と思うこともあり, ピアとして接し続けることには一定の制約もあるようです. 換言すれば,「被害妄想」というピアの経験を共有できそうな状況が「表示」され続けていても, そこからすぐにピアとしての自己を呼び出すことは困難であるという「解釈」がなされているともいえ

ます.

　そのため，ピアからスタッフの方へと揺れ動いていったときもありました.
これを象徴するエピソードとして，利用者で「ちょっと暴力的な方」が建物の
3階にある部屋でスタッフと話をしたいという要望に櫻井さんが対応したこと
があります. その人は他のメンバーに対して暴力的な態度や発言をすることが
あったことから怖がる人もいたため，スタッフの方々は緊急時に対処しやすい
入口に近い1階の部屋で対応しようとします.

　　結局3階に上げないためにスタッフたちが頑張ってるのに，僕にはじめて
　　そのメンバーさんが話を振ってきて「じゃ，櫻井さん，僕を上げてくれな
　　いか」みたいなこと言われた時に，僕は「いや，上司がこう言ってんだか
　　ら，僕は上げられませんよ」ってはっきり言ったんですよ. その時は，も
　　ちろんピアの立場なんだけども，もうほんとに支援者としてこの会社を守
　　るっていう仕事をしてるんで，それを選択したんですよね.

　この時の櫻井さんのポジションは「ピアの立場」だったため，利用者の3階
に上がりたいという気持ちを汲み取ることが求められやすかったといえます.
櫻井さんもそれを理解しつつも，「上司」が認めていない以上，スタッフとし
てはその指示に従うことが求められます. ジレンマのなかで，この場面ではス
タッフとしての自己であることが選ばれたと考えられます.

　PSWの資格を有するという点で，専門性もあるスタッフとしての自己につ
いてはどうでしょうか. 櫻井さんは「揺れ動く」過程のなかで「相談支援業務」
として「専門性を活かす」方向性も検討していますが，その場合は困難が生じ
るようです. その理由として，PSWのピア・スタッフがメンバーに受け入れ
られるのかが定かではないことが挙げられていました.

　　ある本を読んで，たとえば精神科医が他の精神科医にかかっていたら，そ
　　の先生に診てもらえるかなっていう文章があって. いや，僕だったらかか
　　んないかもしんないと，たぶん思っちゃうんですよね. それで，そういえ

ばそうだな，PSW持ってても，同じ病気の人に，たとえばメンバーさんが相談するかなっていうのが，今も自分の中で思ってて．これは偏見かもしれないんだけども．だけど，自分が病気であって，たしかに支援者じゃない関わりのなかで今僕は仕事をしてるけれども，たとえばこれが支援者を身にまとった支援者になっちゃった時に，やっぱり病歴開示の意味は大きいんだなと思いました．

　精神科医が他の精神科医にかかるということは，本来であれば専門職として支援する側であるはずの人が，他の同業の専門職に支援されるという，いわば医者の不養生，支援者が要支援者であるという状態を含意します．このことが露見すると，その医師の専門職としての能力も疑わしいものになりかねません．櫻井さんは「偏見かもしれない」という断りを入れていましたが，支援者は支援者としての自己であり続ける必要があり，この意味では病歴の開示は支援者の自己呈示としては適切ではないということになります．

　一方で，病歴がまったくないように終始自己呈示するような「支援者を身にまとった支援者」になってしまった時には，改めて病歴開示が意味をもつようになるという評価もなされています．「支援者を身にまとった」という言葉からもうかがえるように，PSW，スタッフ，ピアの異なる自己のあいだを「揺れ動く感じ」を大切にしてきた櫻井さんにとって，「支援者」であり続けようとする自己に縛られるのは望ましいことではないともいえるでしょう．では，どんな状況や場面で，どのようにピアとしての自己呈示がなされるのでしょうか．

（3）ピア・スタッフの自己呈示──病歴・病気の開示

　スタッフのポジションから，病歴開示を通じてピアの方に近づく実践を象徴するエピソードとして，紙の箸袋の製作作業をある利用者と一緒に行う場面が語られていました．箸袋を上手に作るには紙の折り方にちょっとしたコツがい

るとのことですが，その利用者は把握できていませんでした．ただ，その人は「こだわりが強い」タイプで，折り方を修正してもらうのは容易ではなかったとのことです．そこで櫻井さんは，以前に自分も同じ作業をしていて，同じように失敗してきた経験を明かすことにしました．すると，その人は助言を聞き入れてくれました．櫻井さんいわく，一般スタッフは折り方についての「マニュアルがあるじゃん」という対応をすることが予想されるのに対し，ピア・スタッフは実体験をもっているからこそ，共感やゆるやかな説得といった「ピア」の効果を生み出すことにつながったといいます．このように何か小さな出来事やふとした瞬間をきっかけに，偶発的・即興的にピアであることを伝えることも，ピア・スタッフの自己呈示のありかたの１つになっていると考えられます．

　このほかにも，自立（生活）訓練事業[6]の場で初対面の人に対して「ピア・スタッフの櫻井です」や「私も同じような病気なんです」といったかたちで開示することもあるといいます．ただ，人によっては「ピア」という言葉の意味を知らない人や，後日忘れてしまう人もいるようです．また，「開示」という語感にも表れているような，いささか格式張ったようなかたちではなく，共同作業中の会話のなかで，「僕，昨日薬を飲むの忘れちゃって，ちょっと眠いんだよね」という話をすると，「え？　櫻井さん，薬飲んでるの？」みたいに驚かれることもあるようです．このように常に「スタッフ」であるわけでもなければ，常に「ピア」であるわけでもない，その揺れ動く柔軟性に櫻井さんのピア・スタッフとしての活動の鍵がありそうです．

　また，櫻井さんはピア・スタッフですが，必要なときは病気や体調について他のスタッフに相談するようにしています．櫻井さんも先述した相川（2013）の書籍を読んだことがあり，そこでふれられていた「役割葛藤と混乱」に関する記述が特に印象的だったといいます．このなかでは，ピア・サポーターと他の専門職などとの間に生じるコンフリクト（争い）や対立をめぐる問題が扱われています（相川 2013: 78）．特にピア・サポーター側の問題として，利用者からスタッフへの役割の変化がその人の対人関係に及ぼす影響のほかに，利用者

だった人が新たにスタッフになることによって，それまで利用できていたサービスの利用資格が失われてしまうことも指摘されています．これにより，孤立感や不安状態に陥ってしまうこともあるといいますが，棕櫚亭ではスタッフになっても，継続的に他のスタッフからのサポートを受けることができていたといいます．

　これに関連するエピソードとして，スタッフとして働いていると，他のスタッフから業務に関する指導を受けることがあるといいます．すると，櫻井さんは自身の「気質」ゆえにこれが単なる指導に留まらず，他のスタッフたちが自身に対してネガティブな評価をしていることの表れではないかと，どうしても勘ぐってしまうこともあったといいます．ドアが閉じられた部屋で他のスタッフたちが何か話をしていると，自分のことを話しているのではないかと不安に駆られるときもありました．

　そんなときは自身だけで悩みを抱え込まず，「心を開く努力」をしたといいます．具体的には，櫻井さんの「上司」にあたるスタッフに自身が不安に思っていることを率直に話し相談するようにしました．するとそのスタッフは，「いや，あの人たちは他のことを話していて，話を外部に漏らしたら困るんでドアを閉じているんだよ」と説明してくれ，安心させてくれたといいます．

　また，この方は櫻井さんの体調が悪化したときには，医療機関の通院に２回同行してくれたといいます．当時，仕事のほかにも，結婚をきっかけに生活が一変したほか，実家でも看護・介護の必要性が生じたことから，心身ともに疲弊していました．その影響もあって，ひどく体調が悪いときに，出奔のようなかたちで突然数百キロ先の遠方に出かけ，日帰りで帰ってきたこともあったといいます．後日，スタッフ間での慎重な話し合いのもと，櫻井さんに外来同行を打診し，決まったといいます．この外来同行がなければ，「病院のなかに入ってしまって，たぶん今の仕事には就いていなかった」と櫻井さんはふりかえっていました．

　他のスタッフに相談することにくわえて，櫻井さん自身も他のスタッフから

配慮されていると解釈するように心がけていたことも大切だったといいます．たとえば，昼休みのときに「一息ついてきてね」という声がけをされたときは，業務の進め方や体調管理の不十分さを指摘されているわけではなく，気を遣ってくれているのだとポジティヴに捉えるようにしました．また，自身にとって困難な仕事が発生したときには，他のスタッフに相談して仕事量や分担を調整してもらうようにしていたといいます．

このように櫻井さんは「スタッフ」としての自己であり続けようとするのではなく，職場での配慮やインフォーマルな支援が必要になったときには，もともと有していた「メンバー（利用者）」としての自己を呼び戻していたようです．これは，先にみた「支援者を身にまとった支援者」になってしまうと，困難な実践になりかねません．複数の自己のあいだを揺れ動き，状況や必要に応じて接近したり離れたりできたからこそ，ピア・スタッフの葛藤に対処しやすかったとも解釈できるでしょう．

5　考　　　察

2節では，ピア（利用者）とスタッフ（支援者）の二重の自己を有するピア・スタッフが，その葛藤をどのように乗り越えていくのか，先行研究をもとに見てきました．そのなかでは利用者と支援者の双方の立場を備えた「プロシューマー・ポジション」というキーワードが出てきました．プロシューマー・ポジションでは，「利用者でもある私」と「スタッフをしている私」という二重の自己像を調和させていくことが重視されていました．この過程では，曖昧で流動的な立ち位置に悩みつつも，最終的には「自分は自分」といったかたちで，プロシューマーとしてのアイデンティティを意識的に形成していくことが目指されていました．

一方で，櫻井さんのピア・スタッフとしての経験から示唆されたこととして，二重の自己像が必ずしも調和せずに揺れ動き続けていても，ピア・スタッフと

しての自己を維持できる可能性があります．換言すれば，対話的自己論のなか
で「ポジション葛藤」と呼ばれていた状態から必ずしも脱却せず，「プロシュー
マー」としての自己に完全に同化せずとも，ピア・スタッフとしての活動を継
続できる可能性があるともいえるでしょう．

　櫻井さんがピアとして「被害妄想」のメンバーと接した際には，「被害妄想」
がすぐには変化しにくいという自身の体験もふまえて，無理にピアとして関わ
り続けるのではなく，そこからあえて身を引く姿勢が語られていました．また，
「ちょっと暴力的」なメンバーから建物の3階の部屋でスタッフと話したいと
いう訴えがなされたときには，他のスタッフの意向も考慮して，スタッフとし
ての自己が優先されていました．ただ，そのままスタッフとしてのアイデンティ
ティのみが形成されていくわけではありませんでした．ピア，特に病歴という
部分を捨象すると，メンバーに対し終始支援者として関わらなければならなく
なるほか，自身も支援される側ではなくする側，すなわち「支援者を身にまとっ
た支援者」として位置づけられてしまう可能性があることが示唆されていまし
た．

　実際にスタッフとしての自己から一時的に離れる様子も語られていました．
箸袋の折り方を「こだわりが強い」メンバーにアドバイスする際には，自分の
過去の失敗談も織り交ぜて伝えることで，共感やゆるやかな説得といったピア
ならではの効果が生み出されていました．また，ピアとしての自己をフォーマ
ルなかたちで「開示」するというよりは，何気ない会話のなかで軽くふれるこ
ともあるようです．ふだんはスタッフとして働いていながらも，ある時，ある
場面でピアの部分がふと垣間見られるといった偶発的な自己呈示がなされてい
たともいえるでしょう．このようなかたちでピアとスタッフのあいだに「不調
和」の要素が残されているからこそ，支援の現場で硬直した支援者（スタッフ）
としての役割から一時的に脱却できる余地が残されているとも考えられます．

　さらに，ピア・スタッフではあるものの，常に「スタッフ」としての客我に
留まり続けるのではなく，一時的にその役割から離れられる余地が残されてい

ることも，働きやすさに影響していることもうかがいみることができました．客我は，他者の目を通じて見た「私」であり，そこには他者からの期待もともないました．この文脈でいえば，スタッフとしての客我とそれに対する周囲の期待であり，これには支援を受けるのではなく提供する側であれ，という期待も含まれうるものになります．棕櫚亭では周りのスタッフの理解や協力もあって，スタッフとしての客我から一時的に離れ，利用者としての客我に戻る余地があったため，櫻井さんも配慮や支援を受けることができたとも考えられます．

　櫻井さんのケースでは，ご本人の試行錯誤のなかでピアとスタッフの二重の自己のバランスが保たれるとともに，偶発的な状況や出来事も味方にして，活動が継続されてきた様子が全体を通じてうかがえました．一方で反実仮想という観点からとらえると，たとえば紙の箸袋を折ることに難儀するメンバーのエピソードで，もし櫻井さんがピアとしての自己をまったく見せずに，一貫してスタッフとして接していたら，結果は変わっていたかもしれません．その場合は，ピア・スタッフとしてのピアの部分が埋没し，このような状況が続くとスタッフとしての客我が前面に出ていくようになったかもしれません．また，苦手な業務が発生したときや体調が悪化した際に，他のスタッフに相談することがはばかれるような状況だったらどうでしょうか．幸い棕櫚亭ではスタッフであることにこだわらずに手厚いサポートを受けられたといいますが，2節のOckwell & Pearce（2019）の研究で示唆されていたように，事業所によってはスタッフとしての役割から離れることを許容することに消極的なところもあるようです．

　ピア・サポーターの自分の見せ方には，以上のような危うさが状況によっては生じうる可能性もありますが，一方で状況に応じた柔軟かつ可変的な自己呈示ができることの意義も大きいといえます．たしかにプロシューマー・アイデンティティの形成には，ポジション葛藤から解放され安定的な自己を保てるという利点がありますが，一方で雇用者や状況が変化した場合に，スムーズに再適応できるのかという点に，一定の限界があるともいえます．一方で，ポジショ

ン葛藤あるいはそれに近い状態に留まり，あえて可変性や未決定性を残すことによって，より状況に即した自己呈示が可能になり，結果としてピア・サポーターとしての活動が継続しやすくなることも考えられます．また，ポジション葛藤は一回きりの出来事とは限らず，状況が変化するたびに繰り返し経験していくなかで，さまざまなかたちの自己呈示を試みる機会にもなる可能性があります．「僕はむしろピアと一緒に動いてて，それで支援者とピアとの間で，揺れ動く感じで仕事ができるんじゃないかなっていうこと」に気づくようになったという櫻井さんの言葉からは，これまで述べてきたピア・サポーターの自分の見せ方の一つの可能性が伝わってきます．

おわりに

　組織のなかでスタッフとしての役割に応えたり，人によってはPSWの資格を取得したりすることを通じて，ピアからスタッフへとポジションを徐々に変化させていく一方で，自身の病の経験に根ざした支援が持ち味でもあるピアの部分をどこに求めたらよいのか，ピア・サポーターはしばしば葛藤します．葛藤は一朝一夕に解消されるわけでもなければ，唯一の「正解」のようなものもおそらくありません．ピア・スタッフとしてのアイデンティティをさまざまな試行錯誤を通じて形成し自己を安定させていく方向性ももちろん有効だと思われます．

　一方で，プロシューマー・ポジションのような自己の安定性に必ずしもいたらずとも，ピアとスタッフとの間を揺れ動き続け，状況に応じてその都度，その場に合った自己を生起させることも，葛藤への対処になりうることを，櫻井さんのお話をもとに見てきました．このなかではピア・スタッフの自己も，確立された不変的なものというよりは，日々の自己呈示の実践を通じてつくられていく，可変的で柔軟性のあるものでした．ちょうど高層ビルの免震構造があえて大きくゆらゆら揺れる設計になっているように，ピアとスタッフの間を揺

れ動く余地があるからこそ，決定的な倒壊——実際，ピア・スタッフのなかには挫折や傷つきの体験を負う人も少なくないといいます——を防ぐことができる部分もあるといえます．

　この「揺れ動き」を支えているのは，櫻井さんのお話のなかにもあったように，ピア・スタッフ本人の努力や試行錯誤の成果のみならず，その周囲にいる人々の考え方やサポートに対する意識でもあることに留意する必要もあります．特にピア・スタッフが常にスタッフであり続けざるをえない状況，言い換えれば，スタッフという客我とその期待にとらわれ，そこから脱却できないような場合には，利用者としてサポートを受けることも困難になり，結果的にバーンアウトのようなリスクにつながりかねないことも考えられます．棕櫚亭のスタッフの方々から継続的なサポートを受けることができた櫻井さんのケースでは，このような事態は語られませんでしたが，この点については引き続きリサーチを続けていく必要もありそうです．

　ピア・スタッフの効果的な自己呈示は，櫻井さんのお人柄による部分もありますが，しかしそれでも，目の前でおこっている状況をふまえたうえで，そこでどのような自己を呈示するかを即興的に考えて実践することは，多くの人に共通すると考えられます．これはまた，ピア・スタッフとはかくあるべきという特定の不変的な自己像を導出するというよりは，その場その場に適した可変的な自己を，その都度つくっていく考え方および実践につながっていく可能性も意味します．

　ピア・サポーターとしての自己は必ずしも1つである必要はなく，複数の自己のあいだを揺れ動き続けることにも意味がある．このようなメッセージを引き出せることにも，ピア・サポートを社会学的な視点から考える意義があるといえるでしょう．

謝辞

　本研究に多大なご協力とお力添えをいただいた櫻井博さんと社会福祉法人多摩棕櫚亭協会

の理事長の小林由美子さんに厚くお礼申し上げます．また，本研究はJSPS科研費 JP19K02037，JP21H05174，JP22H00902の助成を受けたものです．

注

1) 障害福祉サービス事業所が実施するピア・サポート5事業には，自立生活援助，計画相談支援，障害児相談支援，地域移行支援，地域定着支援があります．報酬の算定要件としては，障害がある／あった人と，彼ら／彼女らと協働する支援者ないし管理者を，一定の人数以上常勤として雇用することがあります（2024年3月31日までの間は経過措置として，支援者や管理者の配置がない場合も報酬の算定が可能）．また，都道府県や政令指定都市が実施する「障害者ピア・サポート研修」を修了する必要があります．

2) 精神障害のピア・サポートは，何を「病気」とみなすのか，何を「リカバリー」とみなすのかということについて，個人的な経験を通じて医療・支援モデルの外からとらえ直すことが期待されてきました．しかし，「支援者」の方に軸足を置きすぎてしまうと，今度は組織や臨床における「リカバリー」の目標達成を優先してしまうこともあり，結果的に既存の医療・支援モデルを強化してしまう事態になりかねません（Penney & Prescot 2016）．

3) 2023年6月から7月にかけて棕櫚亭を訪問し，櫻井さんと棕櫚亭の理事長の小林由美子さんに2回インタヴューを行いました．初回のインタヴューでは，① ピア・スタッフになるまでの経緯とその動機，② ピア・スタッフとしての日々の活動内容，③ 働くなかで苦労していることや課題，④ 利用者に自身の病歴をどのように開示しているか（開示している場合はそのタイミングはいつか）を中心にお話をうかがいました．2回目のインタヴューでは，櫻井さんがピア・サポーターとピア・スタッフの立場をどのように使い分けてきたか（あるいは状況によっては使い分けてこなかったか）について，さらにその詳細についておたずねしたほか，ライフヒストリーについてもお話いただきました．音声はすべて録音し，文字におこしたものを分析しました．なお，調査の実施に先立ち，東京通信大学「人を対象とする研究の倫理委員会」に研究内容を申請し，実施の承認を得ました．また，実名でのお名前の記載は，小林さんと櫻井さんより許可をいただきました．

4) 1983年には，宇都宮病院事件（精神科病院の看護職員らの暴力により患者が死亡した事故）が起こりました．同事件をきっかけに，入院中心の精神医療に対する批判や患者の人権問題への社会的関心が高まるようになりました．

5) 「精神保健福祉士」の用語は，2020年に「メンタルヘルスソーシャルワーカー（Mental Health Social Worker: MHSW）」に改称されましたが，本章では現在も比較的広く用いられている旧称で表記しています．

6）「食事や家事等の日常生活能力を向上するための支援や，日常生活上の相談支援等を実施する」事業（厚生労働省 2023年8月30日取得，https://www.mhlw.go.jp/shingi/2008/05/dl/s0501-3f_0004.pdf）

参考文献

相川章子，2013，『精神障がいピア・サポーター──活動の実際と効果的な養成・育成プログラム』中央法規．

Blumer, H., 1969, *Symbolic Interactionism: Perspective and Method*, New Jersey: Prentice-Hall Inc.（＝1991，後藤将之訳，『シンボリック相互作用論──パースペクティヴと方法』勁草書房．）

Ericson, E. H., 1968, *Identity: Youth and Crisis*, New York: W. W. Norton Company.（＝2017，中島由恵訳，『アイデンティティ──青年と危機』新曜社．）

Goffman, E., 1959, *The Presentation of Self in Everyday Life*, New York: Doubleday & Company.（＝1974，石黒毅訳，『行為と演技──日常生活における自己呈示』誠信書房．）

Hermans, H. J. M., Kempen, H. J. G. & Van Loon, E. J. P., 1992, "The Dialogical Self: Beyond Individualism and Rationalism," *American Psychologist*, 47（1）: 23-33.

溝上慎一，2001，「大学生固有の意味世界に迫るためのポジション理論」溝上慎一編，『大学生の自己と生き方──大学生固有の意味世界に迫る大学生心理学』ナカニシヤ出版，50-68.

Ockwell, C. & H. Pearce, 2019, "Employing and Supporting People with Lived Experience in Peer Support and Other Roles," Watson, E. and S. Meddings eds., *Peer Support in Mental Health*, London: Red Globe Press: 128-141.

OECD, 2021, "A New Benchmark for Mental Systems: Tackling the Social and Economic Costs of Mental Ill-Health,"（2022年6月30日取得，https://doi.org/10.1787/4ed890f6-en）.

Penney, D. & L. Prescot, 2016, "The Co-optation of Survivor Knowledge: The Danger of Substituted Values and Voices," In Russo, J. and A. Sweeney eds., *Searching for Rose Garden: Challenging Psychiatry, Fostering Mad Studies*, Monmouth: PCCS BOOKS: 35-45.

種田綾乃，2019，「ピア・サポートとは何か」岩﨑香編，『障害ピア・サポート──多様な障害領域の歴史と今後の展望』中央法規，7-16.

東京都立多摩総合精神保健福祉センター，2021，「令和3年版 東京都の精神保健福祉の動向 多摩地域編」（2022年7月30日取得，https://www.fukushihoken.metro.tokyo.lg.jp/tamasou/fukyu_kouhou/seisinhokenhukusi_doukou_tama.files/r3doukou0414.pdf）.

3

ある更生保護施設職員によるピア・サポートのリアリティ
——同じだけど違う，違うけど同じ——

相 良　　翔

は じ め に
——非行からの離脱（desistance）とピア・サポート——

　この本を読んでいるみなさんは，非行や犯罪を止めて生活を再形成すること（多義的な概念ですが，以降では便宜的に離脱desistanceと呼びます）が社会的な課題とみなされつつあることはご存知でしょうか．例えば，2016年12月に「再犯の防止等の推進に関する法律」が成立・施行され，国や地方公共団体の責務を明確にした上で，総合的な再犯防止等の対策を計画的に行うことが進められています．以前から非行・犯罪からの離脱に対する支援の重要性は主張されており（例えば，日本犯罪社会学会編，2009），それが少しずつ結実している状況です．この章では，特に非行からの離脱に着目します．

　非行からの離脱において，少年は様々な困難や苦しみに直面するとされます．例えば，Nugent & Shinckel（2016）はインタヴュー調査に基づき非行・犯罪からの離脱におけるその当事者のさまざまな傷つきの経験を明らかにしており，その要因の１つとして人間関係からの孤立が挙げています．例えば，離脱を目指す中で共に非行や犯罪を行ってきた仲間と離れることを余儀なくされます．また，自身の非行・犯罪歴のために友人を作ることを控え，就学や就労にも二の足を踏むことがあります．つまり，離脱において人間関係において孤立し，それゆえに苦しむ様子が描き出されています．また，都島（2021）は，こちらもインタヴュー調査に基づき，非行少年自身も虐待やいじめなどによって何ら

かの被害を経験し，それが非行や犯罪を常習的に行うきっかけになった可能性を指摘しています（都島 2021: 141-163）．そのような被害経験に対する埋め合わせや癒しはなかなか手に入るものではありません．

　そのような苦しみへの対応の1つとして，他の章でも紹介されたピア・サポートが挙げられます．つまり，ピア・サポートを「ある人が同じような苦しみを持っていると思う人を支える行為，あるいは，そのように思う人同士による支え合いの相互行為」（伊藤 2013: 2）と定義した場合，離脱における苦しみを持っている者同士の助け合いがなされているということになります．例えば，「セカンドチャンス！」という少年院退院者によって形成されたセルフヘルプグループがあります（セカンドチャンス！編 2011）．そこでは少年院在所経験者同士でしか共有できないこと，また経験者同士だからこそのピア・サポートが展開されている様子が伺えます．

　なお，Maruna（2001＝2013）は，非行・犯罪から離脱した人とそれを継続している人の自己物語（self-narrative）を比較検討し，離脱経験者は贖罪の脚本（redemption script）に沿って，自己物語を展開することを明らかにしています．贖罪の脚本には3つの特徴があるとされます（Maruna 2001＝2013: 119-152）．第一に，語り手が自身を「非行少年」や「犯罪者」ではなく，「働き者で信頼に足る労働者」や「子どもにとって良き親」など社会にとってポジティブな存在であると位置づけて自己物語が展開されることです．第二に，そのような「本当の自分」のもとで，楽観的な見通しに基づいて自身の将来を物語っていくことです．第三に，社会や次世代に対する貢献と恩返しへの志が語られることです．特に語り手と同様に離脱を試みる人への貢献を望むことを明らかにしています．つまり，ピア・サポートを行うことを志し，それを自身の離脱にもつなげようとすることが伺えます．

　しかし，非行経験がある人が集まれば，自動的に離脱に向けたピア・サポートが生まれるわけではありません．例えば，相良・伊藤（2016）は，薬物依存当事者によって運営されているリハビリテーション施設であるDrug Addiction

Rehabilitation Center（DARC）におけるピア・サポートの様子について，フィールドワークに基づいて検討しています．そこでは，時にピアとなりえる人物に対して肯定的な気持ちになれずに否定的な気持ちになることがあるなど，ピア・サポートにおいて関係性を構築する過程には揺れ動きがあることを指摘しています．

　以上をふまえて，この章では自身も非行経験がある更生保護施設職員Aさんについて取り上げます．Aさんは自らの経験を活かした上で在所少年と関わっており，そこにピア・サポートの要素があることが伺えます．他方で，Aさんは非行を行った時期から遠ざかっている，また年齢を重ねて少年ではなくなっている，施設職員として在所少年とは対等の立場になりづらくなっているなど，在所少年との間で様々なギャップを感じているようです．そのギャップはピア・サポートを行う上でいかなる影響を与えるのか，そのギャップについてどのように対応するのか．以降では，それらの点をふまえてインタヴュー調査から得られたデータを分析し，Aさんが行っているピア・サポートのリアリティについて考察します．

1　更生保護施設とは

（1）更生保護施設の概要[2]

　考察に先立ち，まず更生保護施設について説明します．更生保護施設とは，法務大臣による認可の下，行き場がない保護観察[3]対象者や刑事施設（刑務所・少年刑務所・拘置所）満期釈放者に対して，円滑な社会復帰を図るための処遇（教育的な指導や自立生活に向けた支援）を行うことを目的とする民間施設です．2022年4月1日時点で全国に103カ所設置されています．入所定員は各施設によって異なりますが，定員20名以下とする施設が全体の約7割を占めます．また，入所対象を成人男性に限定する施設が多く，女性および少年が入所できる施設の数は相対的に少ないです．なお，職員構成は全体の責任者である施設長・補

導員（入所者に対して処遇を行う）・調理員・その他の職員（掃除等によって施設の生活環境を整備する）を基本とします．

　更生保護施設では保護観察所からの委託を受け，入所者に対する処遇がなされます．宿泊場所や食事等の生活基盤の提供に加えて，時間管理や金銭管理などの生活習慣・就労・交友関係等に関する指導を通じて，退所後の自立生活に向けた処遇が行われます．また，入所者が非行・犯罪に至った原因や入所者の特性に応じた専門的な処遇も実施されています．例えば，社会生活技能訓練（Social Skills Training 令和4年度版の犯罪白書によると26施設が実施），セルフヘルプ・ミーティングや認知行動療法に基づくテキストによるプログラム等を通じた酒害・薬害教育（令和4年度版の犯罪白書によると35施設が実施）が挙げられます．なお，令和4年度版の犯罪白書によると更生保護施設の平均在所期間は79.9日であり，その中で自立生活を目指すことになります．

　近年，更生保護施設の運営を巡って様々な変化が起きました．例えば，2009年度より，適切な帰住先がなく，高齢や障害等によって就労自立が困難な者に対する社会生活への適応に向けた指導や，福祉施設等への帰住先の調整を行う特別処遇が行われるようになりました．特別処遇を行う施設は指定更生保護施設と呼ばれます（2022年4月1日時点で77施設）．また，2013年度からは薬物依存症が疑われる在所者への特別な処遇を実施する施設が薬物処遇重点実施更生保護施設として指定され（2022年4月1日時点で25施設），その処遇を担当する薬物処遇専門職員が配置されています．そして，2017年度からは施設退所者に対するフォローアップ事業を行うことが促されました．なお，2022年度からは施設退所者等の自宅を訪問するなどして継続的な支援を行う訪問支援事業が行われています（2022年4月1日時点で8施設）．

（2）更生保護施設での処遇の基本的な流れ

　筆者は更生保護施設に勤務した経験があり，その時の経験をもとに更生保護施設の処遇の基本的な流れについてコラムで説明したことがあります（相良

2013）．やや古い情報ですが，それを簡単に紹介します．

　入所間もない人に対しては，生活基盤を整えるための処遇が行われます．例えば，自治体の行政サービスを受けるために住民票を施設に異動することが挙げられます．また，就労指導も平行して行われます．履歴書の書き方や面接などへのアドバイスを行いつつ，協力雇用主の紹介等も行われます．就職が決まった後，作業着等の必要品の支給および貸与，退所後の生活を見据えた貯蓄に対する指導を行います（例えば，毎月退所後の住居の1カ月分の家賃と光熱費程度の貯蓄をすることを促す）．

　生活が安定していく中で，前述した非行や犯罪に至った原因に対する専門的な処遇（Social Skills Trainingや酒害・薬害教室など）が行われます．その際に念頭に置かれているのは，在所期間にすべての問題を解決することではなく，退所後においても引き続きその問題に取り組んでいくための方法を学ぶということです．

　退所間際には，住居の確保や自立生活に必要な医療および福祉的サービスを継続的に受けるための処遇が行われます．また，就労自立が困難な在所者に対しては，退所先として福祉施設等に繋げていくことも行われます．

（3）更生保護施設Xについて

　本章で取り上げるAさんは更生保護施設X（以下，施設X）で勤務しています．各更生保護施設はそれぞれの事情を踏まえて，様々な工夫をもとに運営されています．中でも，施設Xは他の施設と比較してユニークな特徴があります．なお，筆者は以前にも施設X在所経験者のインタヴューデータに基づいて，その離脱のリアリティについて検討したことがあります（相良2020）．

　例えば，施設Xの入所者は少年に限定されています．その背景には理事長の経験があります．現在40代の男性である理事長は過去に非行や犯罪を繰り返し，そこからの離脱を経験した人物です．理事長は過去に暴走族の総長を務め，暴力団員とも関わっていました．そして，覚せい剤の売買に手を出し，最終的に

は逮捕されます．その後改心しましたが，自身が覚せい剤を売ったことにより，それに依存してしまった仲間や後輩がいることを把握します．その懺悔として，彼らの離脱に向けてさまざまな働きかけを行うことになります．まず，自身が総長まで務めた暴走族を解散させ，同じメンバーでボランティア団体を形成するように動きかけます．このボランティア団体は，清掃や祭りの手伝いなど地域のなかで役立つような働きをする組織となっていきます．ボランティア団体は活動を休止しますが，その後に施設Xを開所し，非行少年の離脱やその家族を支援するための精力的な活動に繋げています．なお，この経緯は書籍になっており，多くの非行少年に影響を与えています．

開所当初，施設Xは男子少年限定で入所定員は5名程度でしたが，社会的なニーズの高まりを受けて，入所定員の拡大と女子少年の受け入れを決断しました．近年では，常時男子および女子少年が15名から25名ほど，保護観察が終了するまで入所しています．

現在の施設Xの職員体制は非常勤を含めた計8名で成り立っています．近年に施設Xも指定更生保護施設となり，福祉関係の資格をもつ職員が入職しました．また，職員の中に非行・犯罪経験者や施設X入所経験者がいることも特徴です．

施設Xの1日の流れは基本的には以下の通りです．起床時間は8時半となっており，材料が用意されているので各自で朝食を作ることになっています．9時15分から清掃を行い，その後は自由時間になります．12時ごろから昼食となり，各自で準備します．17時半から夜の清掃時間となり，18時から夕食となりますが，夕食は調理員によって用意されます．そして，23時の消灯時間までは自由時間となります．自由時間は比較的多く，その過ごし方は各自に任されますが，この時間を使って将来に向けた準備を行います．例えば，就職活動，通信制高校での課題，家族との面会，病院への通院などです．また就労している少年も多く，起床時間を早める，食事の時間をずらす等をして，仕事に合わせて生活を送っています．

2　調査概要
——Aさんについて——

　以降では，Aさんへのインタヴュー調査のデータを分析していきます．まず，複数回のインタヴューで語られたAさんが施設Xでの働くに至るまでの自己物語をまとめたものを記述し，Aさんのピア・サポートの経験について概観していきます．その上で，Aさんが現在感じている在所少年とのギャップとその対応について検討します．

　これまでAさんに対して7回のインタヴューを行っています（2016年3月，2016年8月，2017年7月，2018年3月，2022年9月，2023年3月，2023年9月）．基本はAさんと筆者の2名による対面でのインタヴューになりますが，2017年7月インタヴューは他の調査者も含んだインタヴューアーが2名で行い，2023年3月インタヴューは施設Xの他の職員も含んだインタヴューイーが2名で行いました．また，2022年9月インタヴューはビデオ会議アプリケーションで行っています．調査にあたり埼玉県立大学研究倫理委員会より許可を得ており，Aさんに対しても調査概要の説明を行った上で進め，またこの章に関しても出版前にチェックをしてもらっています．2016年3月および2016年8月のインタヴューではAさんが施設X入所に至ったプロセスを，それ以降のインタヴューでは施設X職員として勤務する中で感じたことや考えたことを質問項目にしています．引用したトランスクリプトは個人情報保護や読みやすさを踏まえて，文意が大きく変わらない程度に修正しています．

　なお，本章の事例研究はあくまでも施設Xというローカルな場で進められており，そこでの悩みや対応も個別的であると言えるかもしれません．ただ，ピア・サポートを活用する領域が広がるなかで，Aさんが直面する悩みやその対応の記述および分析を発信することは，今後のピア・サポートの利点を社会的に活かす上でも意義があり，重要になると考えています．

3　Aさんの自己物語

　ここからは，Aさんがインタヴューで語った自分自身の経過を一種の自己物語（第1章参照）ととらえ，記述していきます．

（1）施設Xに至るまで

　Aさんは2023年9月時点で30代の男性で，東北地方で生まれました．Aさんは両親・姉・祖父母と一緒に生活し，「あったかい家庭」で育ったと語っています．Aさんが非行を継続して行うようになったのは，所属していた少年野球チームから引退した中学校3年生の夏ごろからでした．その理由の1つとして少年野球チームの先輩からの影響を挙げています．仲良くしていた先輩達がある時から「悪い方向に流れて」，Aさんもその影響を受けました．また，Aさんは自身を「目立ちたがり屋」と評し，そのために「普通に見られるのが嫌」であるという自分の特性も非行を継続するようになった理由の1つであると解釈していました．そして，高校2年生のころから不良少年によって形成されたチームに所属し，「やくざ」とも関係を持っていました．

　そのような状況でしたがAさんは高校を無事に卒業し，薬品関係の工場への就職が決まっていました．しかし，卒業して間もない頃に，東日本大震災がおこります．ご存じの通り，その影響はかなり大きなものであり，Aさんの友人も仕事を失う，また亡くなるなどの被害を受けました．Aさん自身は震災後に無事に工場での勤務を始めましたが，「やくざ」との関係は切れず，その舎弟のような存在にもなっていました．

　ある時，Aさんの先輩の1人が東京に出向き，お金を稼いできたことを知りました．「男なら金をつかんでなんぼやろ」という思いがあったAさんは，その姿に羨ましさを覚えました．そして，その先輩から工場で働くのをやめて，一緒に東京でお金を稼がないかという誘いを受けます．震災後に感じていた将

来への不安，先輩に対する羨望，地元を離れたい気持ちなどの多様な思いが後押しになり，Aさんは誘いに乗ることになります．東京に行くことを両親に告げた時は泣きながら止められたそうですが，最終的には尊重してくれました．その際に東京で行うことについて家族には明確に告げませんでした．

　先輩は特殊詐欺グループの一員として活動しており，そのメンバーとしてAさんをスカウトしました．その当時のAさんは特殊詐欺についてあまり知識がなく，仮に逮捕されたとしても未成年であるから，最悪の場合でも少年院に送致される程度で済むし，大金を稼いだら止めれば良いと考えて，誘いに乗りました．東京では先輩と一緒に住むことになり，当初は先輩を含むそのグループのメンバーと繁華街で豪遊し，良い思いをします．また，そのグループのアジトで何千万円もの大金を初めて目にします．Aさんは先輩たちにもかわいがってもらえ，自分の後ろにいる組織も何やら強く，自分もお金を持っていると感じ，有頂天になったと語ります．

　その後，詐欺グループでの活動に本格的に携わっていきます．朝9時から夕方5時まで，ひたすらターゲットになった人達に電話をかける日が続きました．Aさんは詐欺行為の方法がなかなか覚えられず，うまく立ち回ることができませんでした．時にはノルマを達成するまで，ガムテープで受話器に手を巻かれたことがあったそうです．また，グループの後ろには世間をにぎわすような反社会集団がいること，警察等への密告者が出ないようにアジトに監視カメラを置かれていること，Aさんの先輩が暴力を振るわれた場面を目撃したこと等を通じて，Aさんは不安を募らせるようになりました．さらに，Aさんは誘ってくれた先輩に面倒を見てもらっていたのですが，ついにその先輩からも暴力的な扱いを受けることになります．例えば，Aさんがグループでの活動がうまくできないことに対して，その先輩は詐欺グループの取りまとめ役から責められ，それについてAさんに当たるようになりました．

　東京に出てきてからも，家族には時々連絡を取っていましたが，特殊詐欺グループに関わっていたことは明らかにできず，日に日に追い込まれていきます．

そして，我慢の限界に達します．ある時，Ａさんはタイミングを見計らって東京から脱出し，家族のもとに戻ります．地元に戻る電車内ではあまりにも悲壮感にあふれる顔をしていたため（あざなど暴力の痕もあったそうです），隣の乗客に心配されたと言います．その道中，Ａさんの携帯電話には詐欺グループのメンバーからひっきりなしに電話があったそうです．

　自宅に戻ったＡさんは両親と顔を合わせて，救われた気持ちになったそうです．同時に，自分がとんでもないことを行った実感が強くなります．Ａさんは両親に自分がやっていた詐欺行為について初めて告げました．両親から警察への自首を勧められ，実際に警察に出向き，事情聴取を受けます．Ａさんは警察に協力的な姿勢で臨み，犯行証拠もあり，両親と一緒にいたことから在宅のまま捜査が進められました．

　Ａさんの情報から，その詐欺グループが大きな組織であることが判明し，警察は壊滅に追い込むために長期間の捜査を行うことになりました．その間，Ａさんは家族に保護されながら過ごすことになりましたが，Ａさんの自宅には地元の先輩や友人が次々と訪問するようになります．おそらく一緒に詐欺グループに加入していた先輩からの連絡を受けた人たちがＡさんの様子を確認しにきたようでした．そのため，Ａさんは両親と一緒にしばらく自宅から離れた場所で生活することになりました．その期間は両親にかなりの迷惑をかけたと思う反面，両親との絆の深まりも感じました．そして，この頃から，非行をして自分と同じような状況に置かれた少年を助けたいと考え始めていました．

　その捜査終了後に，Ａさんは家庭裁判所に送致され，審判に際して少年鑑別所に送致されます．その中でＡさんはこれまでを振り返りながら，今後の行く末についても考えます．できれば，成人式には出席したいから少年院には入りたくないが，入院しなかった場合でも地元を離れる必要がある．Ａさんはそのように考えていました．そして，少年鑑別所入所中に施設Ｘの理事長と面会することになります．その時の付添人であった弁護士が施設Ｘの理事長のことを知っており，Ａさんを紹介したようです．Ａさんは面会を通じて理事長の言葉

に感銘を受け，両親と話し合った上で，施設Xでの生活を希望します．そして，審判の結果，保護観察を受けることになり，施設Xに入所することになりました．

（2）Aさんの施設Xでの生活

Aさんは「腹を据えて」施設Xで生活することにしたと語ります．特に施設Xの理事長の存在が大きなものでした．前述したように理事長も元非行少年でした．暴走族の総長を務め，覚せい剤の使用や売買にも手を染めていた「不良の世界で言ったら肩書が十分な人」が心を入れ替えて，非行少年の離脱支援に携わっている．その人のもとで生活することは自分のためになると確信し，「ここ（施設X）で脱走も絶対せんし，俺の筋を通す．逃げるのは男じゃない」（2016年3月インタヴュー）と決意をもって入所しました．

施設Xでの生活を通じて，Aさんは自分の変化を感じます．たとえば，これまでは家族に任せたままであった炊事・掃除・洗濯などの家事をこなせるようになりました．同時に，施設Xの近くのスーパーマーケットでアルバイトを始めて，労働時間も長く厳しいものでしたが，仕事もしっかりとこなしました．また，施設Xでの真面目な生活態度もあり，理事長から頼りにされて，さまざまな手伝いを任されるようになりました．本当に良いと思っている時以外は褒めない理事長に目をかけられているということがAさんにとって励みにもなっていました．

なお，当時も施設XにはAさんと同様に暴走行為や違法薬物使用などの非行や犯罪をおこした少年も生活していました．その少年たちとは切磋琢磨しながら日々を過ごし，べったりとはしないけれど時にお互いを応援するような関係性でした．また，Aさんより年下の少年も多く在所しており，Aさんが仕切り役になることもありました．年下の少年の中には改心しきれていない少年もおり，そのような少年との関わりには苦労しました．ただ，Aさんは自分の離脱に向けた姿勢を少年たちに見せて，その少年が自分で変化する決意をするまで

を見守っていました.

　Aさんは施設Xには1年ほど在所し,退所後は繁華街の飲食店で勤務しました.当時は社長となって何らかの事業を起こすという自分の目標に邁進していましたが,理事長の誘いをうけて2014年頃から常勤職員として施設Xに勤めることになりました.現在では男子の在所少年への対応を中心に勤務しています.

4　在所少年との間に感じているギャップ

　Aさんの自己物語から,理事長からの支援や施設X在所者同士の助け合い等のピア・サポートがAさんの離脱にとって意味がある様子が伺えたと思います.そして,Aさんは過去の非行・犯罪経験や施設Xでの在所経験に基づきながら施設X職員として勤務しますが,そこにはピア・サポートの側面がみられます.

　一方で,Aさんは現時点で施設X職員になって8年ほどになりますが,最近は自身と在所少年との間にギャップを感じています.例えば,非行に関する経験上のギャップです.以前の施設Xには逸脱集団に所属した上で暴走・傷害・窃盗などを行った「やんちゃ系」の少年が入所することが多く(2023年3月インタヴュー),その中にAさんも入っていました.しかし,近年はそのような集団に所属しないで非行・犯罪を繰り返していた少年が増えてきたのではないかと認識しています(2023年9月インタヴュー).たとえば,特にここ5,6年で,単独で性非行・性犯罪を行った少年や単独で非行を行った精神障害のある少年が入所することが多くなったと認識しています.

　Aさんは集団への所属経験の有無は,集団生活への適応にも違いをもたらすのではないかととらえています.例えば,Aさんは2017年7月のインタヴューで以下のように語っています.その当時の施設X在所少年が施設の生活上のルールを守らなくなってきたため,厳しく対応する場面も増えているとAさんは認識しています.その上で,筆者ともう一人の調査者が,施設Xのルールを厳しくした理由について尋ね,Aさんは以下のように回答しました.

単に時代が変わったのかなと思いますね．そういう流れ（が）やっぱ時代
ごとであるじゃないですか．多分そういう不良の時代では，今はないのか
なと思います．（略）その，分かんないです．理事長が不良だったときのルー
ツはある程度自分のときと一緒だから，ある程度ですよ．でも，今の子は
多分（不良になったルーツが）全然違うんですよね．さっきも言ったけど，
不良は不良のルールがあるし，不良は不良の筋の通し方（がある）．そこが
この子たちには違うから（略）（2017年7月インタヴュー，引用文中のカッコ内は
筆者による（以下同様））．

　以上のように，Aさんは「不良の時代」でなくなった，つまり理事長やAさ
んとは違い，暴走族などの集団に属せずに非行・犯罪をおこした少年が増えて
いるのではないかと推測しています．そして，Aさんはそのような集団に所属
して活動するなかで，「ルール」や「筋の通し方」を学んだのに対して，現在
の在所少年たちは――「分かんないです」といったんはためらいながらも――
それらを学ぶ機会も少なく，集団生活を送ることが難しくなっているのではな
いかと推測しています．

　その例として，Aさんは集会を挙げます（2017年7月インタヴュー）．施設Xで
は集会を週に一度開催しており，少なくともAさんが在所していた頃は，在所
少年にとって大事なイベントとされていました．施設での集団生活をより良く
するために話し合う，少年たちの今後の目標を応援し合うなど，在所少年のた
めになるものとAさんは認識しています．しかし，Aさんは近年では真剣に取
り組む在所少年が減っているのではないかと推測し，残念な気持ちになること
もありました．

　なお，在所少年同士の関係性についても，以下のように「利己的」であり，「男
らしくない」とも語ります．

　（略）今は（在所少年）みんな利己的なのかなと，やっぱり．結局，自分の
　ことでいっぱいなのかなと．前だったら，あっち（以前の施設Xの生活寮）

にいたころは助け合いがおこったんですよ．なんか,強かったんですよね,（在所少年同士の）絆が．（関係性が）さっぱりしてたんですよ,自分の当時の在所少年のときは．気にくわないと「気にくわない」って思いっきり（相手に）言うし,あっちも言ってくるし．だから,きれいやったんですよ．男らしかったんですよ,みんな．ただ,今の子たちって本当に,正気言ったら男らしくないです．悲しいけど．だから,本来だったら（同じ在所少年同士で）「よし,頑張ろうな」って（助け合うように）なる（はずだ）けど,（一緒に）頑張ろうなとはならないんですよね（2016年8月インタヴュー）．

　Aさんは最近の在所少年は「自分のことでいっぱい」であるように見え,他の在所少年に対して関心がないのではないかと考えています．Aさんが施設Xに在所していた頃,いまの施設Xよりも生活空間が狭かったこともあり,在所少年の相互交流が比較的活発でした．そして,良いことも悪いことも含めて,お互いに気づいたことがあれば言い合う関係性であり,その結果,裏表のない「きれい」な関係が築け,それが助け合いもおこる「絆」の強さにつながったとAさんは考えています．それを「男らしかった」ともAさんは評しています．一方,最近の在所少年はそうではなく,「絆」も強くないために助け合いもおこりにくいのではないかと推測してます．

　また,主に年齢に基づくものですが,Aさんは在所少年間の「上下関係」の在り方も気になっていました．当然,その「上下関係」は年上の在所者が年下の在所者に対して強権的に振る舞うことを許容するものではなく,年上に対して敬意をもって接することなどを意味するものであり,人間関係をうまく構築するためのものです．Aさんが施設Xに在所していたころは,そのような「上下関係」がありました．しかし,近年は在所少年間で「上下関係」は意識されることはなく,そればかりかスタッフとも横一線の関係性であると認識する在所少年もいるのではないか,とAさんは考えています（2016年8月インタヴュー,2022年9月インタヴュー）．それに違和感を覚えたAさんは自分が在所していた時の経験を伝え,「上下関係」のあり方について少年に強く伝えたこともありま

したが，それは在所少年から反発を呼び，失敗に終わってしまいました．

　また近年，施設Ｘに福祉的ニーズを持つ少年が入所することが増えてきました．そのような少年たちをＡさんは「福祉系」と呼んで，下記のように語っています（2022年9月インタヴュー，2023年3月インタヴュー）．

> 自分も，30代になってまだ近いんですけど，距離感的には．でも，30代になって，やっぱり，犯罪の仕方も変わってきたし，なおかつ福祉系ですよ．だから，ちょっと遠のいたっていう部分は正直感じています（2022年9月インタヴュー）．

　宮口（2019）は認知機能に何らかの課題がある少年院在院者の存在を明らかにし，反省以前に行うべき支援の必要性を訴えていますが，そのようなニーズがある少年が施設Ｘに入所してきており，彼らに対してより丁寧に関わることが必要となってきています．特に医療的および福祉的サービスにうまく繋げるような環境整備が求められます（前述の通り，2022年度より施設Ｘも指定更生保護施設になり，福祉職員を雇用しました）．

　それは施設Ｘの体制にも影響をもたらします．たとえば，施設Ｘは基本的に少年に対して自立を促すことを目的とする施設です．特に就労によってお金を稼ぎ，適切に貯蓄して，生計を立てていく術を伝えていきます．しかし，医療的および福祉的ニーズを持つ少年に対しては異なるアプローチが求められます．そのような少年に対しては障害者手帳の取得を通じた社会的サービスへのつながり方等を伝えて，「生き残っていく」ための術を伝えていくことになります（2023年3月インタヴュー）．そのような関りはＡさんにとっても未知の領域でもあり，それゆえに「ちょっと遠のいた」と感じていました．

　また，精神的な症状が出てしまう少年への対応についても悩んでいました．施設と連携している医療機関に繋げていくのですが，それに苦労を覚えることがあります（2023年3月インタヴュー）．また，医療的および福祉的ニーズをもつ少年が，それらをもたない少年と共同生活を送る上で摩擦が生じることがある

ようです．共同生活上のルールの守り方の違い，人間関係構築上のトラブル，職員による対応の差（例えば，就労への促し方）などがその例となります．

5　ギャップへの対応

　このように，Aさんは施設X職員として勤めるなかで，在所少年との間に感じるギャップが大きくなっている様子が伺えますが，それでもAさんはピアの強みを生かしたサポートを行おうとしていきます．前提として，Aさんは自身と在所少年が直面した困難については根本的には一緒であるととらえているようです．

> この子たちの根本はやっぱ変わらないんですよ，自分とも．やっぱり，どっかで寂しいという思いがあってとか．何というか，非行は前と変わりましたけど，でも本質はやっぱり変わらないですよね．寂しさが，（非行の）根幹にあるから．それが間違って甘えるとか，そういうふうに人をいじめるとか，そういうように派生すると思うので，その甘えの部分を，やっぱり違うほうに変えていく（ことが必要）（2022年9月インタヴュー）．

　Aさんは在所少年との間で非行をはじめとした経験の違いは感じるけれども，彼らが直面している困難の根本には「寂しさ」があると認識しています．そして，その「寂しさ」は自分も抱えていたものであったともとらえています．そのような「寂しさ」による苦しみや困難については理解でき，それに対して非行や犯罪以外で対応できるようになることを促していくことが大事であると考えています．

　そして，「不良」の「筋の通し方」だけでなく，在所少年それぞれの「筋の通し方」を見出すことも試みています．たとえば，ある在所少年（「あの子」）には，Aさんたちにも容易には従わない「頑固さ」があると以下のように語ります．

（略）あの子もやっぱ，頑固な部分があって，曲げたくないことは曲げたくない子なんですよね．で，ヤンキーからしたら，それが好かんって思うんですよ．（ヤンキーには）下の子は従うのが当たり前という概念がある．でも，あの子はそれじゃないから．上（の立場）も見たことない，下（の立場）も見たことない．自分の目線でしか見たことないから．（略）あの子も逆に言ったら，世間知らずな（子である）．社会にも出たことないし，ヤンキーのグループも入れないから．だから，自分が教えられるのは，理事長もそう（同じスタンス）ですけど，（「あの子」には）「（自分と思っていることとは）違うことを違うと言っていい」って（いうこと）．やっぱ，（理事長はそのように）言われるんですね．そこは（自分の筋道を）通していいっていうか，自分の筋道（を大事にしてもよい）．本当に間違ってることは，（また）自分はそうじゃない（と思っていること）っていうのは，はっきり言いなさいと．あとは，自分がそこに，（自分の筋道を通してトラブルに遭遇する）場面にあったとき，その子を庇ってあげるというか（2017年7月インタヴュー）．

　上記の「あの子」は，「ヤンキー」のような「不良」ではありませんでした．しかし，Aさんは頑固な部分をその少年なりの「筋の通し方」と見なして，尊重している様子が見えます．むろん，その少年の「筋の通し方」では周囲とトラブルを起こす可能性はあります．たとえば，その少年が施設Xの集会において，年上の「ヤンキー」である在所少年の発言に対して，納得がいかない場合は何かしらの意見を述べる可能性があります．その場合，伝え方によってはその年上の「ヤンキー」である在所少年と口論になることもあります．Aさんはそのようなトラブルに遭遇した時，その少年を庇いつつも，無用なトラブルをおこさないような「筋の通し方」について助言するようにしていました．それは社会生活を送る上でも大事なことであるとAさんは考えていました．

　また，Aさんは目指すべき存在として理事長の存在を挙げ，いま自分はその途上にあると捉えています．

　　信念持って理事長についてく，それが多分自分の信念だから．そこはどう

しても曲げたくないって．俺，それで突っ切って，本当に（ここまで）来たから．今，この仕事入ってですね．（在所少年を）絶対見捨てないっていうとこ．だから，仕事で帰ろうと思っても，在所少年が「A君」って言えば，俺はそっち（在所少年に応える方を）取るし．（略）自分が（理事長から支援）してもらったから（略）できる限りのことを，この子ら（在所少年）にする．で，やってますよね，今は（2017年7月Aさんインタヴュー）．

　Aさんはこれまでに理事長にしてもらってきたことを，今の在所少年の離脱のために返していると認識し，それを自分の「筋」だと考えています．そして，自分を「スタッフだけど，スタッフじゃない」（2017年7月Aさんインタヴュー）と表現しています．つまり，Aさんは理事長を離脱のロールモデルとして位置づけており，自分を〈理事長を目指す者〉というキャラクター付けをしているとも言えます．つまり，それゆえに理事長のようなロールモデルを想定すると，在所少年は同じようにその途上にいる存在であると認識しているとも伺えます．

　ただし，Aさんは在所少年と比較すると様々な経験をしており，彼らよりも先に行く存在として在所少年へのサポートを試みている様子も伺えます．そして，Aさんは自分を在所少年にとって「本当に一番良い例になろう」と心がけていました（2017年7月インタヴュー）．たとえば，以下のように，自身を〈（在所少年にとって）本当に一番良い例〉とキャラクター付けした上で，就労などに関するアドバイスを行っています．

　　自分の場合は，ありがたいことに（建設業の）現場もしたし，飲食店もここ出て（退所して）から働いていたんですよ．で，自分が（施設Xの職員研修として）出張で行った社長さんは，介護（事業の経営者）なんですよ．っていうことは，3つ（の職種について）分かるから，3つの（職種を踏まえた）言い方（アドバイス）ができるから，自分の場合は，なんかありがたい（経験）ですね．それ（3つの職種）に対してのアドバイスができる．分かんない面

ももちろんあるんですけど（略）（2017年7月Aさんインタヴュー）.

　Aさんの場合，施設Xの職員になる以前に建設業の現場仕事，飲食店での仕事を経験しています．そして，施設Xの職員研修として理事長の知り合いが施設長として勤めている介護施設に派遣され，介護の仕事を経験しました．これらの仕事は在所少年の多くが就くものであり，そのためAさんは自身の経験からアドバイスがしやすい状況にあります.

　なお，理事長の存在は医療的および福祉的ニーズをもつ少年への対応においても，Aさんに影響をもたらしているようです（2022年9月インタヴュー）．Aさんはそのような少年の対応には難しさを覚えていますが，理事長も同様の困難に遭遇しつつも前向きに対応してきただろうととらえ，それに習おうとしています．その例の1つとして，理事長は自身とは経験が異なる相手にも対話を続けて，信頼関係を得ようとしていたことが挙げられます．それを見習って，Aさんは以下のような試みをしています.

　　（「福祉系」である）この子達に話すること,やっていること,（それを）自分（経験と）と照らし合わせ（る）．確かに（そのような少年とは）経験は違うけど,ここの部分一緒だから,そこを（基に少年にアドバイスを）言っていこうとか.要は，相手を，本当に基本だと思うけど，相手のことを理解する（ように心がける）．そこで信頼関係が少しでも生まれたら，あとはこっちが言いやすいとか（思っている）（略）（2022年9月インタヴュー）.

　このようにAさんは「福祉系」の在所少年とは経験は違うけれども，対話をするなかで自分の経験と照らし合わせながら，根幹に感じている「寂しさ」などの共通項を探り，それをもとに信頼関係を築くことを試みていました．いまでは「福祉系」の少年とのかかわりには一定程度の自信があるとしています（2023年9月インタヴュー）.

6 考察――同じだけど違う，違うけど同じ――

これまでAさんのピア・サポートのリアリティについて，インタヴューデータを分析してきました．Aさんは自身の離脱経験をふまえて，施設X在所少年と関わってきました．しかし，Aさんの経験と在所少年の経験にはギャップが生じており，Aさんは困難を覚えます．その一方で，その困難に対してもピア・サポートを意識して，対応してきたと言えます[5]．

Aさんによる在所少年へのピア・サポートの土台には，理事長というロールモデルの存在があったと言えます．Aさんの自己物語からも垣間見えるように，Aさんにとって理事長から支援された（ピア・サポートを受けた）ことは人生の1つの転換点でもありました．少年鑑別所での入所生活やその後の人生への不安は大きなものであり，その中で理事長との出会いは希望の1つになったのだろうと考えられます．そして，施設Xでの生活を通じて，その思いは高まったとも推測できます．Aさんは〈理事長を目指す者〉という一貫したキャラクターを築きあげ，様々な困難に遭遇しながらも，〈理事長を目指す者〉として在所少年の離脱に向けた支援を続けていると言えます．

前述したように，Aさんは「スタッフだけど，スタッフじゃない」と言っていることからも，自身も在所少年も理事長に比べると未熟な存在であると認識しており，そこに共通項を見出していると言えます．他方で，Aさんは在所少年に比べて豊富な経験があり，経験者という立場から在所少年と関わることがあります．つまり，Aさんは一貫したキャラクター（〈理事長を目指す者〉）を保ちつつ，在所少年に対して時にそれと違うキャラクター（〈本当に一番良い例〉）を柔軟に呈示しながらピア・サポートを行っていると言えます．Aさんは在所少年と基盤としては同じ存在だけれども，その経験には違う側面があることをふまえた上で支援を試みているとも言えます．

Aさんには，在所少年の経験が自身の経験とは違うものであったとしても，

そこから同じ経験や思い等を探る想像力があるようでした．それは在所少年が直面する困難の根本に「寂しさ」があると考えていたことからも伺えます．また，「不良」の「筋の通し方」に固執せず，少年それぞれにある「筋の通し方」を尊重する姿勢から，自分とは違うことを排除せず，自分の視点を変化させる柔軟性も垣間見えました．

　なお，筆者はＡさんによる支援が正しいと主張したいわけではありません．すべてのピア・スタッフ（サポーター）が，Ａさんにとっての理事長のようなロールモデルに出会うとは限りません．ロールモデルにあたる存在を頼りにすることなく，自己をやりくりするピア・スタッフ（サポーター）もいてよいはずだと考えられます．また，ロールモデルである理事長を目指す過程のなかでさまざまな苦労を重ね，Ａさんがバーンアウトに至る可能性もあります（相良 2020）．そして，Ａさん自身が思う「男らしさ」や「上下関係」のあるべき姿を在所少年に強要してしまった経験のように，自身の経験に当てはめさせるように力づくで在所少年を従わせようとすることもおきるかもしれません．

　それでも，Ａさんのピア・サポートのリアリティから学べることは多くあると思います．その１つとして挙げられるのは，違うけれども継続して関わることです．Ａさんの支援からは，自分の経験と違うものに遭遇しても排除せず，また負の評価を与えず，違うものと向き合おうとする柔軟な姿勢がみられます．そして，違うものの中から同じものを見出すという実践もしています．これらを通じて，Ａさんはピア・サポートの要素をもった支援を続けていると考えられます．

　多様なピア・サポートの現場においても，基本的には自分と参加者は同じだけれども，どこか違うところもあると認識する場面があると思います．しかし，直面した違うものに対してそのまま認め，また同じものを見出しながらピア・サポートは続いているのではないでしょうか．つまり，『同じだけど違う，違うけど同じ』はピア・サポートを展開する上での原理の１つになりうるものではないでしょうか．

　さて，この章をお読みなったみなさんはＡさんの非行・犯罪からの離脱を巡る経験から，何か同じものを感じ取られたでしょうか．非行・犯罪からの離脱については，あまり社会的に着目されず，その実態を知らない方のほうが多いでしょう．筆者はこれまでに非行・犯罪からの離脱について調べる過程で，過去に非行・犯罪をした人々が社会的に排除される様も同時に見てきました（相良 2015）．確かに非行・犯罪を通じて迷惑をかけたかもしれませんが，それをふまえても社会的に排除されることは割に合わないように思いますし，非行・犯罪のきっかけが社会によって受けた害（例えば，虐待・いじめ・貧困）によることも少なくないはずです．微々たる力しかありませんが，そのような社会を少しでも変えることはできないかと筆者は考えています．そのためには多くの人の協力が必要です．大袈裟に言えば，そうしたなかでピア・サポートは様々なヒントをくれるのではないでしょうか．つまり，ピア・サポートについて深く学ぶなかで『同じ人間だけど違う人間，違う人間だけど同じ人間』という視点を学ぶことができ，それを通じて少しずつ社会は変化するのだろうと，楽観的ですが，筆者はそう考えています．

追記

　本稿は科学研究費基金若手研究（課題番号20K13765）による研究成果の一部となります．協力いただいた施設Ｘ関係者ならびにＡさんに感謝申し上げます．

注

1）　離脱の要因やプロセスを検討する研究は増えていますが，その一方で離脱とはいかなるものか，その定義について言及する研究はあまり多くありません（平井 2016）．「離脱とは何か」を問うこと自体は難問であり，この章での定義も十分なものであると言えないことは補足しておきます．

2）　この節は令和４年度版の犯罪白書に基づいて記述しています（法務省法務総合研究所 2023）．

3）　保護観察とは犯罪をした人や非行のある少年に対して，社会のなかで更生を図るように国家公務員である保護観察官や保護司によって指導と支援が行われるものです．

保護観察の対象者とその期間については下記の表の通りになります．なお，施設Xに入所する少年の多くは少年院から仮退院を許可された少年（2号観察）となります．

表3-1　保護観察の対象者

1号観察	家庭裁判所で保護観察に付された少年（20歳まで又は2年間）
2号観察	少年院からの仮退院を許可された少年（原則20歳に達するまで）
3号観察	刑事施設からの仮釈放を許された人（残刑期間）
4号観察	裁判所で刑の執行を猶予され保護観察に付された人（執行猶予）
5号観察	婦人補導院からの仮退所が許された人（補導処分の残期間）

4）　非行や犯罪の前歴があることを理解した上で雇用し，その対象者の離脱に協力しようとする民間事業者のことを指します．令和4年度版犯罪白書によると，2021年10月1日現在における協力雇用主は，2万4,665社であり，その業種は，建設業（55.5％）サービス業（15.9％），製造業（9.4％）の順で多くなっています．また，実際に刑務所出所者等を雇用している協力雇用主数は，2021年10月1日現在1,208社となっています．

5）　分析では言及していませんが，同じように非行経験をしたスタッフとの連携も在所少年とのギャップへの対応に有用だと語られています（2022年9月インタヴュー，2023年9月インタヴュー）．在所少年への対応の在り方について相談する，また在所少年の特性に合わせてスタッフ間で役割分担すること等が行われているようです．

参考文献

平井秀幸，2016,「犯罪・非行からの『立ち直り』を再考する――『立ち直り』の社会モデルをめざして」『罪と罰』53（3）: 70-88.

法務省法務総合研究所，2023,『犯罪白書（令和4年度版）』日経印刷.

Maruna, S., 2001, *Making Good: How Ex-Convicts Reform and Rebuild Their Lives.*, American Psychological Association Books.（＝2013，津富宏・河野荘子監訳『犯罪からの離脱と「人生のやり直し」――元犯罪者のナラティヴから学ぶ』明石書店.）

日本犯罪社会学会編，2009,『犯罪からの社会復帰とソーシャル・インクルージョン』現代人文社.

Nugent, B. & M. Schinkel, 2016, The pains of desistance. *Criminology and Criminal Justice*, 16（5）: 568-584.

宮口幸治，2019,『ケーキの切れない非行少年たち』新潮社.

相良翔，2013,「更生保護施設における処遇の流れと今後の課題」伊藤冨士江編著『司法福祉入門――非行と犯罪への対応と被害者支援（第二版）』上智大学出版，234-235.

———, 2015,「排除——犯罪からの社会復帰をめぐって」本田由紀編著『現代社会論——社会学で探る私たちの生き方』有斐閣, 155-177.

———, 2020,「『贖罪の脚本』は頑健な物語たりうるか——ある更生保護施設在所少年の語りからの考察」水津嘉克・伊藤智樹・佐藤恵編著『支援と物語（ナラティヴ）の社会学——非行からの離脱, 精神疾患, 小児科医, 高次脳機能障害, 自死遺族の体験の語りをめぐって』生活書院, 31-59.

相良翔・伊藤秀樹, 2016,「薬物依存からの「回復」と「仲間」——ダルクにおける生活を通した「欲求」の解消」『年報社会学論集』29: 92-103.

セカンドチャンス！編, 2011,『セカンドチャンス！——人生が変わった少年院出院者たち』進化学出版社.

都島梨紗, 2021,『非行からの「立ち直り」とは何か——少年院教育と非行経験者の語りから』晃洋書房.

4

「英雄的ではない行為をする医師」というキャラクターの可能性
──小児科医の事例を導きにして──

鷹田佳典

　二十年前，医学校を志願したときのわたしは，人命を救うという自分の未来に疑いを抱いていなかった．心に抱く医師のヒーローさながらに患者に迫る死と戦って勝利する，そんな人生を夢見ていた．一命をとりとめ元気になった患者たちが笑みを浮かべて私の診察室を訪ね，私を抱擁し，感謝をこめて背中を叩くだろうと──．そのころのわたしは，この仕事に就くと，どれほど多くの死と出会うことになるかを，およそ考えていなかった (Chen 2007＝2009: 9)．

1　問題の所在

(1) 医師の英雄性をめぐって

　神話学者のJ. キャンベルが明らかにしたように，人間社会には古来より無数の「英雄神話 (hero myth)」が存在してきました (Campbell 1949＝2015)．そこでは，冒険の旅路へと出来し，強大な敵や困難を乗り越え，最後には世界を救う魅力的な英雄が描かれてきたわけですが，現代の，それも実在する英雄と言われると，読者の皆さんは誰を思い浮かべるでしょうか．もちろん人によってさまざまだと思いますが，医師を想起される方も少なくないように思います．難しい病気を治し，人々を死の恐怖から救い出す医師は，まさに「現代の英雄」であるように見えます．

　しかし，医師が多くの病気を治せるようになったのは，実は科学としての医学（「近代医学」）がかなり発達してからのことです．それ以前の時代の医師が病気に対してできることは限られていました．例えば1913年生まれのアメリカ人医師であるL・トマスは，約半世紀に及ぶ医師人生を振り返った著書のなかで，彼の父親が町医者をしていた大恐慌前後のアメリカでは，「医師のいちばん大きな仕事は患者と話すこと」で，「ほとんどそれぐらいしかできることがなかった」と述懐しています（Thomas 1983＝1995: 78）．ところが，彼がインターンとなった1940年代頃から，医学の「変革」が始まります．それまで打つ手がなかった命に関わる病気に対し，治療薬や治療法が次々に見つかり，「病気は治せる」ようになったのです．トマスより少し後に医師となったB・ラウン（ラウンが医学部を卒業したのは1945年です）も，当時の時代の雰囲気を次のように書き記しています．

　　科学の進歩によって革新的な治療法や革命的な手法が生まれ，診断の謎で解きあかせないものはほとんどなかった．これまで不治の病だったものが医学の進歩によって治るようになり，楽天主義が世に満ちていた（Lown 1996＝1998: 18）．

　もちろん，このような時代にあっても，治癒困難な病気は数多く存在していました．しかし，それらは医療技術が発達していけば，いずれ治すことができるようになると考えられていました．つまり，ここにおいて，病気という敵を打倒し，人々を死の淵から救い出す「現代の英雄」としての医師が誕生したわけです．

　こうした「近代医療（modern medicine）[1]」の「黄金時代（golden age）」は戦後しばらく続くわけですが，1970年代頃から少しずつその問題（弊害）が指摘されるようになります．例えば，近代医療が依拠する「人間機械論」的発想は，全体として１つのまとまりを有した人間存在を，ばらばらの要素に切り分ける還元主義である（そのなかで医師は，患者ではなく臓器しかみない）との批判はその

1つですし，「治癒／生存」を重視するあまり，患者に対して過剰な（そして，ときに無益と思われる）治療がなされることで，患者の生活＝生命の質が損なわれているといった批判もなされました．また，「治癒／生存」が見込めないと判断された患者の元から医師が去ってしまうことも，患者を見捨てる振る舞いだとして厳しい非難の眼差しが向けられました．さらには，疾病構造の変化により，治癒を期待できない慢性疾患が増加してきたことで，近代医療は根本的な発想の見直しを迫られていきます．それはすなわち，病気を治すことによって支えられていた医師の英雄性が揺らぎ始めたということでもあります．

　この章では，現代の医師たちが，自身をどのような物語のキャラクター（登場人物，役回り）としてとらえ演じてきたのか，またそれにどのような違和感を感じてきたのかに焦点をあてます．筆者はここ10年あまりにわたって，小児科医の聞き取り調査を重ねてきました．ここでは，そのうちのお1人（C医師）のケースを取り上げ，「行為する（治す）医師」という従来の英雄像とは異なるキャラクターの可能性について考えてみたいと思います．

（2）患者の死をめぐる小児科医の物語に着目する理由

　具体的な事例の検討に入る前に，本章において，① なぜ患者の死をめぐる医師の経験に着目するのか，② なぜ小児医療に着目するのか，③ なぜ物語に着目するのか，の3点について簡単に説明しておきたいと思います．

　まず，「① なぜ患者の死をめぐる医師の経験に着目するのか」ですが，上述のように，近代医療は「治癒／生存」に重きを置いてきました．そこでは死は，「あらゆる手段を用いて打倒されるべき究極の敵（ultimate enemy）」（Cassell 2002: 246）だと見なされます．実際，近代医療は多くの致死性の疾患を克服し，人々の寿命を延ばし，生存率を高めてきました．例えば，昭和20年代まで日本人の死亡原因のトップであった結核は，抗生物質（ストレプトマイシン）の開発によって治療可能となり，結核による死亡者数は戦後急減していきます[2]．しかし，上で述べたように，そうした死との果てなき闘いの弊害ともいうべきものが色濃

くなるにつれ，「治癒／生存」のみを闇雲に目指す従来の医療の姿勢が問題視されるようになっていきます．そうしたなかで，死をどのようなものとしてとらえ，死にゆく患者とどう向き合うのかということが重要な問いとして浮上してきました．これが，本調査において患者の死をめぐる医師の経験に着目した理由です．

　次に，「② なぜ小児医療に着目するのか」についてです．それは，小児医療がここまでみてきた近代医療の特徴がより顕著な診療科であるというのがその理由です．繰り返し述べているように，近代医療においては「治癒／生存」にウェイトが置かれており，そのなかで医師は病気を治癒し，生存を可能にしてくれる（もしくはそれが困難であったとしても命を引き延ばしてくれる）専門職として英雄性を付与されていたわけですが，小児科医はそうした英雄性がより強く期待される存在だと言えます．子どもは（年齢的に）死と遠い存在であり，したがって子どもが死ぬことは，周囲の者にも，また社会全体にも大きなインパクトを与えます（Papadatou 2000）．そのため，子どもの場合には，「治癒／生存」の価値がより強く追及される傾向があります．そういった意味で小児医療は，近代医療（医師）の英雄性をめぐる変化をより明示的な形で描き出すことが期待されます．

　最後に，「③ なぜ物語に着目するのか」について．医療の営みをさまざまな人が織りなす一連のふるまいのプロセスとしてみると，医師がどのようなキャラクター（登場人物，役回り）を演じることが期待されているのかという観点で分析する道が開けます．そうした期待は，医療現場や社会全体で病気や治療に関するどのような「物語の型（narrative type）」が流通し，支持を得ているのかに大きな影響を受けます．「病いの語り（illness narrative）」の型としてしばしば参照されるのが，社会学者A. フランクが提起した「回復の物語（restitution narrative）」「混沌の物語（chaos narrative）」「探求の物語（quest narrative）」という三類型です（Frank 1995＝2002）．このうち，近代医療と強い関連を持つのが「回復の物語」であることは明らかでしょう．というのも，この物語は，病気にな

ることを一時的な中断ないし脱線として，結末において主人公はすっかり元通り健康な状態になるという筋をもつ物語だからです（Frank 1995＝2002: 第4章）．フランクによれば，この物語の核にある「近代の精神は，医師とりわけ外科医を病いの物語の主人公＝英雄としてきた」（Frank 1995＝2002: 187）といいます．またこれに続けて，「この近代主義的な見方の中では，英雄性は忍耐にではなく，行為することにある」とも述べられています．つまり，近代医療と高い親和性を持つ「回復の物語」において医師は，「患者の，早期の苦痛のない完全な治癒をめざして『可能なあらゆることをすること』」（Parsons 1951＝1974: 445）を責務とする「行為する英雄」というキャラクターを演じることが期待されたのです．

　しかし，疾病構造が変化し，完全に治すことが難しい病気（慢性疾患）を抱えた人が増えるにつれ，「回復の物語」は次第にその影響力を失っていきます．それと同時に，多くの医師たちが「英雄であることに関心を失い」始めたとフランクはいいます．しかし，フランクの著書では，病む人の物語に主眼が置かれ，「行為する英雄」に代わる医師たちの新たなキャラクターについての詳しい検討はなされませんでした．キャラクターの変化は当然，それを支える物語の変化と深く結びついているはずです．これが本章において，物語に着目した理由です．

（3）これまでの研究で明らかになったことと積み残された課題

　以上の3点は，本章のみならず，筆者がここ10年あまりにわたって取り組んできた研究プロジェクト全体を貫く基本的な問題関心でもあります．したがって以下の内容は，筆者がこれまでにその成果として書いた幾つかの論文（鷹田 2018, 2020, 2021, 2023）の延長線上に位置づけられるものと言えます．そこで本節では，これまでの研究で明らかになった点と積み残された課題を整理し，本章の議論の焦点を確認したいと思います．

　まず，これまでに明らかになったことの1つは，「治癒／生存」のためにあ

らゆることを行うという近代医療の英雄的振る舞いが，医師たちの「苦悩（suffering）」の源泉にもなっているということです．例えば鷹田（2018）でインタヴューを行ったベテラン小児科医のA医師は，主治医として小児がん患者の治療にあたっていた1980年代当時（この頃は少しずつ小児がんが治せるようになってきた時期であったが，まだ分かっていないことも多かった）を思い返しながら，なんとか患者を治したいとの思いで「どんどんどんどん治療」を行ったが，そのことで患者は「どんどんどんどん苦しい思いを」したと語っています．それは患者を治すためで，「しょうがない」部分もありましたが，それでもA医師は，「地獄に落ちて，患者さんと同じだけの苦しみを受けなきゃいけないっていうふうに思いました」と，その胸の内を吐露しています．このことが示すように，治療には患者を苦しめてしまう（抗がん剤の副作用はその典型でしょう）という「暴力性」，あるいは病気を治すための行為に苦しみが伴うという「両義性」が本質的に内在しています．それらは疾患の治癒（治療の成功）によって正当化されるわけですが（Zussman 1992），治癒が見込めない場合，治療の持つ暴力性・両義性は，患者のみならず，その治療を行う医師をも苦しめることになります．

　その後小児がんの治療については，患者の負担を軽減するような方法が確立されていきます．また，A医師自身も，「なにがなんでも治療する」というのではなく，患児の「よりよい生活とか，よりよい亡くなり方とか」を考えた「患者目線」の医療を実践するようになっていきます．ただ，家族が「奇跡」を期待して積極的な治療の継続を希望するケースも依然としてあり，どこで「折り合い」をつけるかという難しい問題は残っています．

　A医師のケースを通してみえてきたもう一つの重要なことは，こうした小児科医の苦悩の物語とでもいうべきものが，ほとんど語られない（したがってわれわれが耳にする機会もない）ままになっているということです．その理由の1つは，治療の両義性に伴う苦悩を口にすると，子どもの病気を治すために頑張っている医師たちの治療の妨げになるかもしれないとの危惧があったからであり，もう1つの理由は，そうした苦しみを周囲はなかなか理解してくれないのではな

いか，という思いがあったからです.

　このように，「回復の物語（restitution narrative）」に登場する「行為する英雄」に多くの医師が違和感（疑問）を感じるようになったということは，1990年代半ばにフランクも指摘していましたが（Frank 1995＝2002），それとは異なる医師のキャラクターの一端も明らかになりました（鷹田 2020）.　その手がかりを与えてくれたのがB医師の語りです.　20年以上にわたって小児神経科医として働いてきたB医師は，自身が主治医として担当したある重症心身障害児のケースを挙げながら，「患児が亡くなるそのときまで持てる全ての医療的手段を用いて治療を『やり尽くす』」従来の医療（これを筆者は〈やり尽くす医療〉と呼びました）に違和感を抱き，医療的にできることが限られた状況であっても，患者の最善の利益を考えて「精一杯尽くす」医療（＝〈精一杯尽くす医療〉）を模索していきます.　この〈やり尽くす医療〉が「回復の物語」と適合的であることは言うまでもありません.　そしてそこでは，医師は文字通り「行為する英雄」として振舞うことになります.　それに対し，B医師が目指す〈精一杯尽くす医療〉において，医師はそれとは異なるキャラクターを演じることになります.〈やり尽くす医療〉で医師は，持てる全ての手段を講じるのに対し，〈精一杯尽くす医療〉においては，患者の利益を考え，あえて積極的治療を行わないという選択肢がとられる可能性があります.　また，〈やり尽くす医療〉では医師が物語の「主人公」（heroには主人公という意味もあります）であったのに対し，〈精一杯尽くす医療〉ではあくまで主人公は患者であり，医師はその物語の進行を支える登場人物の一人にすぎません.

　このように，これまで筆者が取り組んできた小児科医の研究では，治療の両義性に苦悩する姿や，物語の主人公である患者のためを第一に考え，「しない」という選択肢も含めて精一杯尽くそうとする姿がみえてきました.　そこでは，患者の「治癒／生存」のために「できることを全てする（doing everything）」「行為する英雄」とは異なる医師のキャラクターの一端が示されていたと思いますが，その像をもう少しクリアに描くため，以下ではC医師のケースを取り上げ

たいと思います．本章でＣ医師を取り上げるのは，「治癒／生存」一辺倒の従来の医療とは異なる医療を模索していること，小児医療に緩和の視点が導入されるようになった2000年以降に臨床に出ていること，患者の死についての豊かな語りが得られたこと，以上の点で，ここまでに述べてきた「行為する英雄」とは異なる医師のキャラクターの特徴がより明示的な形で提示できると考えたからです．

2　Ｃ医師のインタヴューから

　Ｃ医師には2014年にインタヴューを行いました[3)]．Ｃ医師とは以前から面識があり，医師として働くうえで大事にされていることなどを耳にする機会はありましたが，まとまった形でお話を伺うのはこれが初めてでした．Ｃ医師は2000年代初頭に医学部を卒業し，大学病院や一般病院の小児科，新生児科で数年の研修を行った後，幾つかの病院の小児血液腫瘍科で主に小児がんの子どもの治療を行ってきました．最近では緩和ケアにも取り組まれています．まずはＣ医師が小児科医を目指したところからみていきましょう．

（1）小児科医の道に進む

　Ｃ医師はもともと子どもが好きで，将来は小学校の先生など，「子どもと関わる仕事」に就きたいと考えていました．小さい頃は医師になることはあまり考えていなかったといいますが，「いろんな縁」があって医学部に進学したＣ医師は，「医学部に行ったんだったらやっぱり小児科がいいな」という思いが強くありました．当時のＣ医師の小児科のイメージは，子どもたちは病気だけれども，「すごい元気いっぱいで，病院のなかでもそこだけ明るい感じ」というものでした．実際，研修医時代にアルバイトで予防接種や健康診断を担当することもありましたが，「基本健康な子どもばっかり」で，皆とても元気でかわいく，「なんかやっぱりいいよな」という思いがあって小児科の道に進みます．

　一口に小児科といっても，さまざまな専門領域があります．Ｃ医師も小児科
の研修医時代，「いろいろ回って」自分の進む分野を考えました．そのなかで
研修医の最後に回ったのが血液腫瘍グループでした．血液腫瘍グループは大学
病院の小児科の中で「子どもが亡くなるシーン」を一番多く目にする場所の１
つでした．実は，Ｃ医師は治療の面白さを感じた他の専門分野に行こうと「ぎ
りぎりまで思って」いました．しかし，血液腫瘍グループに来て「生きる，死
ぬの世界」を目の当たりにし，「自分の人生の時間を費やすんだったら，やっ
ぱり一番つらそうな状態の子のために何かをするっていうほうが，自分はいい
なと思」い，小児血液腫瘍を専門分野に選ぶことを決意します．患児が亡くな
るケースが少なくない他の専門領域としてNICU（新生児集中治療室）を回った
ことがありましたが，血液腫瘍疾患で入院している患児は，「こうしたい，あ
あしたい」と意思表示ができる年齢の子が多く，新生児に対しては「本人の気
持ちが分からずに，どんどん医療をやっていくって結構つらい」と感じていた
Ｃ医師には，その点も進路選択の決め手になったようでした．

　ただ，血液腫瘍を専門にすると決めたＣ医師でしたが，「本当にやっていけ
るのかな」という「迷い」もあったといいます．特に，治療が「うまくいかな
かったらどこまで自分がつぶれずにやっていけるのか」，また，治癒が期待で
きなくなった患児やその家族に対して「どう向き合えばいいのか」について，
このときにはまだ見通しが得られていませんでした．そうしたＣ医師の背中を
押したのが，研修医時代に出会った血液腫瘍グループの指導医の存在でした．

（2）治らなくなったときの希望はどこにあるのか

　研修期間は指導医から診断や治療に関わる知識や技術を実地で学ぶ重要な時
期ですが，Ｃ医師は血液腫瘍グループの指導医から，患者の死のとらえ方や，
患者の死に対する医師としての向き合い方についても重要な学びを得ていま
す．

　Ｃ医師が研修医として担当していた患児のなかに，「難しい病気」で長期入

院治療をしている子どもがいました．治癒に向けて治療を行ってきましたが，経過は思わしくありませんでした．病状は悪化し，途中からは酸素投与をしながら病室で過ごしていました．これ以上治療を続けても治癒は期待できない状況でした．まさにＣ医師が不安に感じていた，治療がうまくいかなくなった状況だったわけです．

　既述のように，「治癒／生存」に重きを置く従来の医療であれば，このような状況において医師がとりうる対応は，死が訪れるそのときまで積極的治療を続けるというものです．しかし，Ｃ医師の指導医が行ったのは，それまでと変わりない態度で患児やその家族と接しつつ，患児が病室で少しでも楽しく過ごせるように「できることはいろいろ工夫」することでした．例えば，その患児は外に出て散歩をしたいという希望を口にしていましたが，24時間酸素投与が必要で，体力もなく，少し動くと呼吸が苦しくなり，感染の危険もありました．しかし，そこで指導医は，「いや，（外出は）難しいね」で終わるのではなく，鳥の声が入ったCDを病室で流すなど，「部屋に居ながらにしてできる，その子が喜んでくれることを，その先生なりに考えて」実施しました．こうした指導医の患児との向き合い方は，病気が「治らなかったときの希望っていうのはどこ」にあるのか，「治らなかったから全部不幸せ」なのかと不安に感じていたＣ医師に，「治らなかったとしても，何か喜んでもらえることができる」という可能性を提示してくれるものでした．Ｃ医師はこの点について，１回目のインタヴューで次のように語っています．

　　Ｃ：もう何も治療はありませんとか言うだけじゃなくて，その子が最後まで喜べるようなこととかを一生懸命，家族と話したり本人と話したりして探して見送った．だから，なんとかそこにちょっと希望を持てるのかなって，何もやることがなくというのでもないかもって，ちょっと思った．それが１年目の時です．

　また，同様のことは，２回目の追加インタヴューでも語られています．

　　Ｃ：治らなかったから，全部意味がなかったとか，そういうわけではない
　　んだろうなと思ったので，その分野を専門にして勉強していきたいと．も
　　ちろんみんな治ってほしいけど，仮に治らない子が発生したとしても，医
　　者としてやる役割があるというふうに感じたのが，大きかった．

　このようにＣ医師が「治らなかったから，全部意味がなかった」と思う必要
はないと思えたのは，患児が亡くなった後の遺族の反応も大きかったようです．
子どもを亡くすということは，親にとって非常に悲しく，また辛い経験です．
この患児の親もまたそのような心境でいたと思われますが，患児が亡くなった
後，その親から病院に，スタッフが「最後までずっと愛情をかけてくれた」こ
とを「感謝」する手紙が届いたといいます．つまり，治る見込みが少なくなっ
た後も，患児が少しでも楽しい生活が送れるように指導医（とスタッフ）が行っ
たことが，遺族にとっても「意味」があったこととして肯定的に評価されたと
いうことであり，そのこともまた，Ｃ医師の医師観に大きな影響を与えたよう
です．

（3）医師が悲しむのは「普通」

　もう１つ，Ｃ医師が研修医時代にこの指導医から学んだ（直接教えられたわけ
ではないにしても）ことが，患者が亡くなったときに医師が悲しむのは「普通」
だということです．

　　Ｃ：その先生は，私がすごい尊敬している先生なんですけど，誰もいない
　　ところで泣いてたりして．それをちょっと見つけちゃったんですけど，亡
　　くなった日の夜に．ああ，やっぱりこれぐらい立派な先生でもやっぱり悲
　　しくて普通なんだなと思って．

　医療専門職者はどんなときでも冷静に振る舞うことが期待されています．感
情社会学の知見を用いるならば，医療者は常に，「感情管理（emotional
management）」を求められる感情労働者だと言えますが，医療者のなかでも，

医師はとりわけ厳格な感情管理が求められる職種と言えるかもしれません（鷹田 2023）．C医師も当初は，医師という職業に対し，終末期や看取りといった厳しい場面であっても，「淡々とやってるようなイメージ」があったといいます．しかし，先の患児が亡くなったときに，治療にあたっていた医師が「誰もいないところで泣いて」いる姿をたままた目にしたC医師は，「これぐらい立派な先生でもやっぱり悲しくて普通なんだ」と知ります．

　こうした気づきがC医師にとって重要であったのは，患者の死に慣れてしまうことに対してC医師が危惧のようなものを感じていたからです．一般的感覚として，医師を含めた医療者は，人の死を幾度となく経験する職業であるため，次第に患者の死に慣れてしまうというイメージがあるかもしれません．それはある面で，医療者自身の身を守るための戦略という側面もあるでしょう．特に患者の治療に大きな責任を有する医師は，患者の死に対し，治すことができなかったことへの「罪責感（guilty）」や，患者を亡くしたことによる悲しみを経験することがあります（Barnes et al. 2020）．その対応策として行われることのひとつが感覚を麻痺させることです．感情の「区画化（compartmentalization）」（Galanos & Labriola 2022）とも呼ばれるこうした対処戦略は，医師が仕事を続けていくうえで必要不可欠なのかもしれません．しかし，C医師はそのことに否定的な見方をしています．

　　C：1つの方法として，自分の感覚を麻痺させる，慣れるっていう方にいっちゃうんでしょうけど，でもそっちは不健康なんだと思うです．本当は悲しいのにそうじゃなく適応してるっていうことなんで．

　研修医時代のC医師がどこまでこのような認識を既に有していたかまでは分かりませんが，少なくとも受け持ち患者の死に際し，（誰もいないところで）涙を流していた指導医の姿を目にしたC医師は，「別にその先生は慣れてるわけじゃなくて，やっぱりちゃんと悲しみは悲しみで受け止めて」いること，そして「やっぱり治らなくて失うってことは，とても大きな衝撃ではあって，やっぱそれは

ちゃんと感じて」いることを知り，「そうであるべきだと自分も思った」こと
をインタヴューで強調しています．こうしてC医師は，小児科のなかでも，血
液腫瘍の道に進むことを決意します．

（4）死は「全ての終わり」なのか？

　研修を終えたC医師は，幾つかの病院の小児科で血液腫瘍の患者を中心に診
ていくことになります．そのなかで幾度となく患者の死に直面することになる
わけですが，「もう研修医じゃないけど，でもまだ完璧に一人前とも言えない」
「二十代後半ぐらいのちょっと微妙な時期」に経験した患者の死は，C医師に
とって「結構辛い」ものでした．それは，研修医のときと違い，主治医として
患者を担当するようになったことで，受け持ち患者の命に対して大きな（全面
的な）責任を負っているからということもありますが，患者の死に対するとら
え方も，C医師の辛さに関係していたようです．

　上で確認したように，研修医時代の指導医との出会いを通じ，たとえ治すこ
とができなくなっても医師にはできることがあるということを学んだC医師で
したが，それでも気持ちのどこかに，「患者が亡くなるとすべてが終わってし
まうという感覚」が根強く残っていたようでした．

　　C：もし本当に全部消滅しているんだとすると，やっぱりむなしすぎてで
　　　きないのかなと思いますね．やってもやっても（患者さんが）亡くなり，そ
　　　の度になんか，失ったっていう喪失感だけだと，多分続かないんじゃない
　　　かなと思います．

　確かにここでC医師が述べているように，死によって何もかもが消滅してし
まうのだとしたら，患者が亡くなる度にむなしさや喪失感だけが積み重なって
いって，（それこそ感覚を麻痺させでもしない限り）医師を続けるのは困難になりそ
うです．そこでC医師は，亡くなれば全て終わりというそれまでの死生観に代
わる，新たな死生観を見出すべく，大学院への進学を決めます．というのも，

死とは何であり，それは人間存在にとってどのような意味を持つのかという問いに対しては，とても「医学だけ」で答えが出るとは思えなかったからです．こうして進んだ大学院でＣ医師は，「死生学」という分野があることを知ります．そこで紹介された書籍を読み進めていくことで，Ｃ医師のなかに，人は亡くなると後に何も残らず，一切が無に帰するというわけではなく，「何かはきっと残っているはず」という死のとらえ方が形成されていきました．

> Ｃ：何かはきっと残っているはずって．亡くなって全て終わってしまって消えてしまうっていうのじゃなくて，その子の気持ちか魂か分かりませんけれども，何らかの形で何か存在しているんだろうなって思えるようになったので，それだったら助から…，治らなければ意味がないとかそんなことじゃなくて，最後までその子のその魂っていうか，それを大事にする．で，治ってくれればいいし，治らなかったとしてもその姿勢はきっと変わらないんじゃないかって思ったんですね．

近代医療の人間機械論的見方に立てば，死によって物理的身体はその機能を停止し，後に残るのは遺体だけということになります．あるいは，患者の死を「究極の敵」ととらえる近代医療の視点からは，医療の敗北といった意味づけがなされるでしょう．いずれにしても，患者の死は，そこに（能動的な）意味を見出すことが困難な事象として立ち現れることになります．しかし，もし仮に死が全ての終わりではなく，患者の「魂」と呼べるような何かが残り続けるのだとしたら，たとえ治らない（治せない）としても，その患児のために行ったことに意味を見出すことはできるし，患児に向き合う医師の「姿勢」は変わらないということになります．先に述べたように，こうした死のとらえ方は，研修医時代の指導医との出会いを通じて，Ｃ医師の中に既に存在したものではありましたが，大学院でさまざまな死に関する観念やとらえ方を学ぶことを通して，より明確な形を成していったと言えるでしょう．

（5）遺族と共に患者を振り返る

　もう1つ，C医師が，死は全ての終わりではなく，たとえ治らないとしても患者のために行ったことには何らかの意味があると思えるようになったのには，遺族との関わりも大きかったようです．

> 　C：一番は，そのあとの家族とか本人の兄弟とか，その子たちとまだコンタクトが取れていて，ちゃんと自分たちのやったことに意味があったんだと思えることで，支えになったんですね．

　患者が亡くなると，その家族と医師との関わりもそこで途切れてしまうことが一般的でしょう．しかし，C医師によれば，患者の死後，面会を希望してくれる遺族も少なからずいるようです．C医師はそのように遺族が「会いたい」と言ってくれること自体が「すごい支え」だといいます．

> 　C：会いたいって言ってくれるんだっていうのは，自分たちにはすごい支えにはなっていて，本当に恨んでたり，二度と会いたくないとかだとやっぱり辛いんですね，こっちとしても．だから大事なものはなくなったけど，そうやって仲間意識っていうのを持ってくれてるっていうことは救いにもなっている．

　家族は子どもの病気を治してもらうために病院にきます．したがって，病気が治らず，子どもが亡くなるという結末を迎えた家族にとってみれば，医師は「二度と会いたくない」存在かもしれません．しかし，こうして会いに来てくれる遺族がいることは，自分たち医療者に「仲間意識」を持ってくれているのだと思え，そのことが「救い」になっているとC医師はいいます．

　ここでC医師が口にしている「仲間」という表現に着目してみたいと思います．この表現は，遺族との関わりについて確認した2回目のインタヴューでも使われました．次に引用するのは，筆者が，C医師に会いたいと連絡をくれる遺族は，そうでない遺族と何が違うのかと尋ねたときのC医師の返答の一部で

す．

　　C：多分連絡が来るご遺族っていうのは，恐らく闘病してる最後のほうの
　　　時に，同じチームの仲間っていうか，多分そういう感覚が強かった人なん
　　　だと思うんですよね．一緒に考えて一緒にその子を支えて，サポートした
　　　仲間の１人となってる場合は，多分その仲間に会いたくなるっていう感情
　　　で連絡くれていて．急に亡くなったとかうまくいってたはずの治療が急に
　　　悪くなってとかだと，やっぱり仲間意識っていうのは芽生えにくいじゃな
　　　いですか．

　繰り返すように，子どもが亡くなることはその家族にとってとても辛い経験
です．なかには医師の治療方針が「よくなかったんじゃないか」と疑念を抱く
遺族もいると思います．しかし，たとえ治せなくなったとしても，患児のこと
を家族と「一緒に考えて」，その子の生活を支えるために医師（スタッフ）が一
生懸命尽くしてくれたという思いのある遺族は，自分たちのことを「同じチー
ムの仲間」としてとらえ，その仲間に会いたいという気持ちで連絡してくれる
のではないかとＣ医師は考えています．

　たとえ治せなくなったとしても，患者が（闘病）生活に意味を見出せるよう
に精一杯支えるのがＣ医師の目指す医療ですが，それがどれだけ実践できたの
かは，やはり当事者である患者やその家族によって評価されなければなりませ
ん．もちろん遺族が常に医師の関わりを肯定的にとらえるわけではないと思わ
れますが，遺族と医師との対話は，双方が共同で亡くなった患者についての物
語を構築していく作業であると言えるでしょう．

（6）「緩和」の視点の萌芽

　ここまでみてきたＣ医師の医療観の形成にあたり，もう１つ大きな役割を果
たしたと考えられるのが，「緩和ケア（palliative care）」の存在です．緩和ケア
とは，生命を脅かす疾患を患う患者の全人的な苦痛を緩和することに重きを置

くケアの総称です．こうした緩和ケアの視点が日本の小児医療の領域に導入さ
れたのは，C医師がちょうど臨床で働き始めた2000年代に入ってからのことで
す．つまり，C医師の小児科医としてキャリアと，日本の小児緩和ケアの広が
りがきれいに重なりあっているということです．C医師が緩和ケアのことを本
格的に学ぶのは，医師としてある程度の経験を重ねてからのことですが，その
発想は，「治す」ことに重きを置く従来の医療と大きく異なるものでした．そ
の違いは，例えば，治る見込みがないと思われる患者との関わり方にみられる
といいます．インタヴューで筆者が，治る見込みのない患者の病室から足が遠
のく医師がいるのはなぜかと尋ねたところ，C医師は，「多分どうしていいか
分からないから」だとその理由を説明しています．

> C：やっぱり診断，治療とかそういうのが医者の仕事だと思っているから
> じゃないですかね．それが上手くできないときに，じゃあ治療できない人
> のところに何を提供できるのかっていうのを考える場がなさすぎるっってい
> う．

　近代医療がそうであるように，「診断」と「治療」が「医師の仕事」だとす
れば，その仕事が「上手くできない」，つまり治すことができなくなってしまっ
た患者に対し，医師ができることはもうないということになってしまうでしょ
う．そうなると，「どうしていいか分からない」ということで患者と関わるこ
とを放棄してしまったり，それでも「どうしても病気に目が向いてしまうため，
悪くなる一方の病気にはもう負け続けるだけ」と，医療の限界を突きつけられ
たような気持ちになったりするかもしれません．
　これに対し緩和ケアは，治らなくなった患者を見捨てたり，避けられない死
を前にして医療の敗北感に打ちひしがれたりすることはありません．なぜなら，
緩和ケアはたとえ治らなくなったとしても，患者の「生活の方に希望を見出」
そうとするからです．つまり，患者の苦しみをやわらげ，少しでも患者や家族
が希望を見出せるような生活を送れるようにするために何ができるのかを考え

るということです．そしてそのような観点に立てば，医療には「やれることが
いっぱいある」とＣ医師はいいます．そこにもまた，医師にとっての「やりが
い」があるのです．

　先に確認したように，Ｃ医師が医学部を卒業した2000年代初めには小児緩和
の発想が日本でも少しずつ現場に浸透し始めていた時期でした．当時の状況に
ついて２回目のインタヴューでＣ医師に尋ねたところ，まさに変化の兆しが表
れ始めた時期であったことが分かります．Ｃ医師は同じ小児科でも分野によっ
て異なる点があると前置きしつつ，今に比べれば，当時はまだ「積極的治療一
辺倒」という「色は全体的に濃かったのかな」と振り返っています．

　現在では，治癒が期待できなくなったときに関係者間で今後の方針について
話し合いをしたうえで意思決定を行うよう推奨する「ガイドライン」もできて
いますが，当時はそのようなものもなく，「医療は最善を尽くす（中略）のが責
任でもあるし，そうすべきである」というのが「全体的な」雰囲気だったよう
です．ただ，そうしたなかでも，治療をやり尽くしたとしても助けることがで
きない場合には，今後の治療をどうするのかについての「議論はできていた」
といいます．そこには，「治癒／生存」を追求する従来の近代医療のあり方に
対する問い直しが，この頃から少しずつ始まっていたことが伺えます．

　Ｃ医師によれば，Ｃ医師と同年代かそれよりも下の世代の医師たちは，こう
した緩和の視点を「ちょっとずつ学んで」いることもあり，治すことができな
くなっても医師にはできることがあるという考えには多少なりとも馴染みがあ
るようです．一方，Ｃ医師より一回り上の世代の医師たちは，「医者とは治す
もの」という認識が強く，「それができなかった」ときに深い苦しみを感じて
いる医師が多いように感じるといいます．そうしたことをふまえてＣ医師は，
人間が「永遠に治り続けるということは無理」である以上，そろそろ「価値観
の変換」が必要になってきているのではないかとして，次のように述べていま
す．

C：医学が近代化したことでそうなっちゃったんだろうなと思うんですけど，もう一回ちょっと原点に立ち返って，もちろん治すために最善は尽くすけど，でもそれはどんな状態であれ最善を尽くすっていう延長線上に治る人がいたり，治らなかった人がいるわけなんで，やってることは同じだっていう根本的なことをもう一回見直すべきだと思うんですよね．

　このように緩和ケアの視点は，「診断，治療」という「枠」のなかでとにかく「治す」ことだけを考えるのではなく，治すことを目指しつつも，治せなくなっても患者が最後まで希望する生活が送れるように最善を尽くすという，C医師が目指す医療の土台をなしています．

3　考　　察

　ここまでC医師の小児科医としてのキャリア，ならびにC医師が実践しようとする医療やそれを支える医療観，死生観について詳細に記述してきましたが，ここではそれを物語という視点から改めて考えてみたいと思います．すなわち，C医師の目指す医療はどのようなプロット（筋立て）を持つ物語として特徴づけることができるのか，また，そのなかで医師はどのようなキャラクターとして描かれているのか，こうした点について考えてみたいと思います．

（1）新たな医師のキャラクターの特徴
　確認しておくと，これまでの医療（近代医療）は，フランクのいう「回復の物語」と強い親和性を持ち，そこで医師は「行為する英雄」という役回りを演じることが期待されていました．すなわち，病気の「治癒」と患者の「生存」に第一義的な価値が置かれ，その目標に向けて「やり尽くす（everything done）」（Zussman 1992）ことが医師に強く求められていたということです．一方，前節でみたように，C医師が目指してきたのは，患者の「生活」を大事にする医療

でした．もちろんC医師も，患者の「治癒／生存」を目指して懸命に治療を行っています．しかし，治る見込みが非常に低くても，とにかく死が訪れるそのときまで治すための医療行為を続けたり，あるいは逆にもう治療の手立てがないからと病室から足が遠のいたりするのではなく，患者とその家族がどうすれば本人たちが望むような生活を送ることができるのかを共に考え，そのためにできることを行おうとするのが，これまでC医師が取り組んできた医療でした．

　これは，鷹田（2020）が論じた，B医師による〈精一杯尽くす医療〉と多くの点で重なるものだと言えます．C医師もB医師同様，持てる全ての医療手段を講じて患者の「治癒／生存」を目指す〈やり尽くす医療〉ではなく，患者にとっての最善の利益を第一に考え，そのためにベストを尽くそうとする〈精一杯尽くす医療〉を大事にしているように見えます．C医師にこうした医療のあり方（可能性）を最初に指し示したのが，研修医時代の指導医でした．前節でみたように，この指導医は担当していた患児の病状が悪化し，治癒が期待できなくなった後も病室に通い続け，以前と変わらぬ態度で患児や家族に接し，少しでも患児が望む生活ができるよう模索を続けました．そこでの指導医の振る舞いは，一見すると英雄的にはみえません．ちなみにここで「英雄的な行為（heroic act）」（Halberg et al. 2021）と呼んでいるのは，繰り返すように，病気（あるいはその先にある死）という敵を打倒するために医師が行う医療行為を指します．こうした観点に立てば，C医師の指導医がターミナルの状態にある患者さんに行っていたこと（例えば鳥の声が入ったCDを病室で流す）は，英雄的行為とは言えないでしょう．それは病気の治癒や患者の生存を目的としたものではないからです．しかし，C医師はむしろそうした指導医の患者との向き合い方に，自分の目指すべき医療の可能性を見出していました．つまり，病気を治すことができなければ意味がないわけではなく，患者が望む生活を実現するために医師にできることがあり，それを尽くすことに重きを置く医療です．

　もう1つ，従来の医療を支える物語と，C医師の医療を支える物語の大きな相違点が死のとらえ方です．これも既に繰り返し述べているように，従来の医

療は死を打倒すべき敵と位置づけ，その克服を目指すものでした．したがって，「回復の物語」において患者の死は，医療の失敗や敗北を意味することになります．しかし，C医師の死のとらえ方は，そのようなものとは大きく異なっていました．つまり，死は「全ての終わり」ではなく，たとえ患児が亡くなったとしても，その後に遺るものがあり，それが遺族や医師の支えになるという筋立てです．もちろんC医師は最初からこのように死をとらえていたわけではなく，亡くなった患児やその遺族との関わりのなかで，死とは何か，死にゆく患児に医療ができることは何かを繰り返し自問自答することで，少しずつ形を成していったものです．

　では，このような物語において，医師はどのようなキャラクターとして描かれているでしょうか．それを一言で表現するのは簡単ではありませんが，従来の医師像である「行為する英雄」と対置しつつ，その特徴を確認したいと思います．まず，「行為する英雄」としての医師の主たる特徴として，「アクティブ（active）」であることと「タフ（tough）」であることの二点を挙げられるでしょう．ここでのアクティブとはすなわち，「治癒／生存」に向けて積極的に治療を行う態度（エートス）を指します．パーソンズやザスマンといった社会学者が指摘してきたように，医師は常に「行為するように訓練され」（Parsons 1951＝1974: 459）ており，「積極行動主義（activism）」（Zussuman 1992: 109）こそが医師の中核にある行動基準だったからです．

　また，「行為する英雄」としての医師は，肉体的にも精神的にもタフな存在です．近代医療が立ち向かう病気，あるいはその先にある死という強大な敵に勝利するためには，長期戦に耐える体力や次々に起こる苦難に立ち向かう不屈の精神力が求められます．とりわけ医師は，治療の責任者として，強いリーダーシップを発揮し，他のスタッフを先導し，統率する役割が期待されています．その旅路で，ときには迷ったりプレッシャーに押し潰されそうになったりすることもあるでしょうが，医師にはそうした「弱さ（weakness）」を周囲に見せることは許されません（Pruthi & Goel 2014）．それは英雄らしからぬ振る舞いだか

らです.

　これに対し，Ｃ医師の物語で描かれていた医師（具体的には，研修医時代の指導医やＣ医師自身）は，「行為する英雄」とは異なるキャラクターとしての特質を有しているようにみえます．そのひとつは，アクティブの中身に関連します．「行為する英雄」が「治癒／生存」という目標に向けて治療的介入をやり尽くすか，もしくは治療の手立てがないために患者の元を去るかのいずれかであるのに対し，Ｃ医師やその指導医は，治すことが難しくなった場合であっても，患児が望む生活を最後まで送ることができように，医師としてできることを精一杯行います．それは，「治癒／生存」につながらない「英雄的ではない行為」かもしれませんが，「行為する英雄」とは違った意味でアクティブであると言えます．

　また，「行為する英雄」として医師が常にタフであることを期待されていたのに対し，Ｃ医師やその指導医は，弱さや「脆さ（vulnerability）」の表れとされるような要素を許容します．そのことを端的に示しているのが，患者の死に際して医師が泣くことです．従来，患者が亡くなったときに医師が泣くことは，「専門性を欠いた（unprofessional）」振る舞いとして否定的に扱われてきました（鷹田 2023）．医学教育や研修の場面でも，「医師は泣いてはいけない」という「感情規則」が強調されてきたわけですが，前節で確認したように，Ｃ医師の物語において，医師が泣くことは「普通」のことであり，決して否定的に評価されるものとは考えられていませんでした．

（２）変化の途上──今後の課題を展望する

　このように，Ｃ医師の物語のなかで描かれる医師のキャラクターは，従来の「回復の物語」に登場する「行為する英雄」としての医師とは，いくつかの点で異なる特徴を有していることが分かります．ただ，こうした新たなキャラクターが，「行為する英雄」に完全に取って代わったわけではありませんし，そのキャラクターを演じることには一定の困難さもあるようです．

　例えば，「行為する英雄」とは異なり，Ｃ医師の物語に描かれる医師は，患

児やその家族，他の医療スタッフとの対話的関係を重視すると考えられます．
それは患児の治療中に限ったことではありません．というのも，患児が亡くなっ
た後で，患児が遺したことや自分たちが行ったことの意義を確認するためには，
遺族やスタッフ間での対話が不可欠だからです．C医師の場合，患児の死後も
継続して遺族と関わる機会が少なくないようですが，他の医療者についても同
様のことが言えるのかについては，確認の必要があるでしょう．最近では，遺
族と医療者がともに参加する追悼会（memorial service）を開催している医療機
関もあるようですが，そうした機会がどの程度広がっているのかについては明
らかになっていません．

　また，遺族だけでなく，他の医療者との関係も重要です．患児には複数のス
タッフが関わっている以上，その振り返りも単独で行うには限界があります．
また，そうした振り返りはある部分で，患児の死を悼むという側面を有します
が，そうした悲嘆過程をスタッフ間でどのように共にすることができるのかも
重要なポイントになります．この点については本章で十分に検討できませんで
したが，医療現場において「悲嘆（grief）」がどのようにとらえられているのか
という問題については少しふれておきたいと思います．

　従来，悲嘆感情を表出することは，「感情的な弱さ（emotional weakness）」の
表れや，「専門性を欠いた振る舞い（unprofessional behavior）」（Rousseau 2003），
すなわち英雄には似つかわしくないこととして否定的に評価されてきました．
それに対し，C医師は患者の死に伴って医師が悲しむことを「普通」のことと
位置づけています．それは新たな医師のキャラクターを特徴づける重要な要素
と言えますが，特にその表出については繊細な管理が求められるようです．こ
の点については鷹田（2023）で詳しく検討しましたが，例えば患者の死に際し
て医師が泣くことについては，それを禁ずる感情規則（医師は泣いてはいけない）
と，それを許可する感情規則（医師は泣いてもよい）という複数のルールが医療
現場には存在し，その間で医療者は難しい感情の舵取りを求められているよう
です．ここでの文脈に引きつけていえば，非英雄的な振る舞いがある程度許容

されつつも，場面やその表出の仕方や程度によっては，これまで同様，周囲の
スタッフから否定的な反応を受ける可能性があるということです．

　もう一点，医学教育の問題についても述べておきたいと思います．医学教育
は単に，医師に必要な知識とスキルを教授するだけでなく，医療現場（あるい
は広く社会）において求められている医師像（キャラクター）を提示し，それに向
けて医学生を社会化していく場でもあります．Ｃ医師は2014年のインタヴュー
時に，医学教育について，標準的な治療がないときに患者とどうかかわるかと
いう部分が欠けていると語っています．

　つまり，「治癒／生存」という近代医療の目標を達成するための診断と治療
技術の習得に特化した医学教育が行われているために，病気が治らないときの
患者との関わり方について考える機会がないまま，「無防備な状態でポンと卒
業して」しまっていた可能性があるのです．物語の観点からすれば，医学教育
はあくまで「行為する英雄」としての医師を養成するための機関であり，それ
以外のキャラクターの可能性については示されていないということでしょう．[6]

　Ｃ医師の最初のインタヴューを行ったのは今から20年近く前であり，その後
医学教育のあり方は変化してきているのかもしれません．たとえば，かつての
医学教育においては，教員の感情抑制的態度や医学部生の感情表出に対する否
定的反応（嘲笑するなど）といった「隠れたカリキュラム（hidden curriculum）」を
通じて，感情を表に出さない医師の養成が目指されてきましたが（Childers &
Arnold 2019），最近では，患者の死に伴う自らの感情と向き合うことの重要性や
遺族と対話する方法を医学部において教えることの必要性も指摘されています
（Pruthi & Goel 2014）．医師のキャラクター形成において医学教育が果たす役割
の大きさを考えれば，重要な問題提起であると言えます．

おわりに

　ここまで本章では，小児科医であるＣ医師のケースを取り上げつつ，「英雄

的ではない行為をする医師」というキャラクターの可能性について検討してきました．こうしたキャラクターが，今後どの程度受け入れられていくのかについては，医師の死生観，遺族や他のスタッフとの関係性，医学教育のあり方などを視野に入れつつ，引き続き研究を重ねていく必要があります．とりわけ小児領域では，緩和の視点が広がりはじめてからまだそれほど時間が経っていないということもあり，今はそれぞれの小児科医が自身のキャラクターを模索しているところかもしれません．しかし，疾病構造の変化や緩和ケアの展開を背景に，これまで支配的な位置を占めていた「回復の物語」は，その限界が認識されるようになり，それと連動する形で，「行為する英雄」という医師のキャラクターについても問い直しが進んでいるようにみえます．本章でみてきたようなC医師やその指導医の振る舞いが，「英雄的ではない行為」と殊更に表現する必要がなくなったとき，医師のキャラクターは変貌を遂げたと言えるかもしれません．

［付記］　本研究は，科学研究費補助金（若手B「患児の死をめぐる小児科医の経験とその規定要因に関する探索的研究」研究代表：鷹田佳典），ならびに科学研究費補助金（基盤C「医療現場における悲嘆の共同化の可能性と課題に関する社会学的研究」研究代表：鷹田佳典）による成果の一部である．調査にご協力いただきました皆様に心より感謝申しあげます．

注
1）「近代医学に基づいて，病院やクリニックなどの医療施設で，国家によって資格認定された専門職としての医師を中心に行われる病気の診断や治療」（中川・黒田編 2015: 148）の体系を指します．この定義にもあるように，近代医療の中核を担うのが医師です．近代医療は国家資格を有する専門職者によって担われる点に特徴がありますが，なかでも医師は，長い教育・訓練課程を経て広範な医学知識と高度な医療技術を習得した専門職として，診断・治療において独占的な権限を付与されています．医師は医療専門職者のヒエラルキーの頂点に立ち，治療方針の決定において中心的役割を担います．
2）　もちろん結核の死亡者数急減は抗生物質だけの成果ではありませんし，現在でも毎年2000人近くの人が結核で亡くなっています．

3） また，これに加え，2023年6月に，第1回インタヴューの内容を補足する形で，追加のインタヴューを行っています．

4） 小児緩和ケア（pediatric palliative care）自体は，ヨーロッパにおいて，既に1980年代からその実施に向けた取り組みがなされていましたが（Hain et al. 2012），日本へはそこからかなり遅れて導入がなされています．例えば，小児緩和ケアの論文が出始めるのは2000年以降であり（例えば細谷 2002），神奈川こども医療センターに日本初の小児緩和ケアチームが作られたのが2008年です．

5） この場合の苦しみは身体的な苦痛に限定されません．

6） 医師の高橋都は，「なすすべがないことをつらいと感じた」理由に，医学教育のあり方が関係していたかもしれないとし，「問題点の同定と治療的介入方法を主眼に置くトレーニングの中では，問題の原因を明らかにできないとき，あるいは治療が功を奏さないときに医師としてどうすべきかを考える機会はほとんどありませんでした」と述べています（高橋 2010: 65）．

参考文献

Barnes, S., Z. Jordan & M. Broom, 2020, "Health professionals' experiences of grief associated with the death of pediatric patients: a systematic review." *JBI Evidence Synthesis*, 18（3）: 459-465.

Campbel, J., 1949, *The Hero with a Thousand Faces*. New World Library.（＝2015，倉田真木・斉藤静代・関根光宏訳『（新訳版）千の顔をもつ英雄（上下）』早川書房.）

Cassell, J., 2002, "Social scientists studying doctors: 1951 to 2001." *Reviews in Anthropology*, 31（3）: 243-262.

Chen, P. W., 2007, *Final Exam: A Surgeon's Reflections on Mortality*. Knopf.（＝2009，那波かおり訳『人はいつか死ぬものだから——これからの終末期ケアを考える』河出書房新社.）

Childers, J., & B. Arnold, 2019, "The inner lives of doctors: physician emotion in the care of the seriously Ill." *The American Journal of Bioethics*, 19（12）: 29-34.

Frank, A., 1995, *The Wounded Storyteller: Body, Illness, and Ethics*. The University of Chicago Press. Chicago.（＝2002，鈴木智之訳『傷ついた物語の語り手—身体・病い・倫理』ゆみる出版.）

Galanos, A. N., & M. K. Labriola, 2022, "How we manage grief." *Clinical Advances in Hematology & Oncology: H&O*, 20（9）: 561-563.

Hain, R., Heckford, E., & McCulloch, R. 2012, "Paediatric" palliative medicine in UK: past, present, future. Archives of Disease in Childhood, 97（4）: 381-384.

Halberg, N., P. S., Jensen & T. S. Larsen, 2021, "We are not heroes – The flipside of the hero narrative amidst the COVID19‒pandemic: A Danish hospital ethnography." *Journal of Advanced Nursing*, 77（5）: 2429-2436.

細谷亮太，2002，「小児の緩和ケアの開始（いわゆるギアチェンジ）」『ターミナルケア』12（2）: 85-87.

Lown, B., 1996, *The Lost Art of Healing*. Houghton Mifflin Harcourt.（＝1998，小泉直子訳『治せる医師・治せない医師』『医師はなぜ治せないのか』築地書館.）

中川輝彦・黒田浩一郎編（2015）『（新版）現代医療の社会学——日本の現状と課題』世界思想社.

Papadatou, D., 2000, "A proposed model of health professionals' grieving process." *Omega*. 41: 59-77.

Parsons, T., 1951, *The Social System*. The Free Press.（＝1974 佐藤勉訳『社会体系論』青木書店.）

Pruthi, S., & A. Goel, 2014, "Doctors do cry." *Indian Journal of Medical Ethics*, 11（4）: 249-251.

Rousseau, P., 2003, "Physician crying." *American Journal of Hospice and Palliative Medicine*, 20（4）: 251-252.

高橋都，2010，「職業的介入がもつ『当事者感覚』」『在宅死・在宅看取りを超えて』清水哲郎・島薗進編『ケア従事者のための死生学』ヌーヴェルヒロカワ，64-74.

鷹田佳典，2018，「もうひとつのドクターズ・ストーリー——患者の死をめぐるある小児科医の苦悩の語り」小林多寿子・浅野智彦編『自己語りの社会学——人生と経験へのまなざし』新曜社，57-79.

————，2020，「医師は「行為する英雄」からどう変わるのか——二つの〈尽くす〉医療から考える」水津嘉克・伊藤智樹・佐藤恵編『支援と物語の社会学——非行からの離脱，精神疾患，小児科医，高次脳機能障害，自死遺族の体験の語りをめぐって』生活書院，96-132.

————，2021，「誰が医療者を癒すのか——コロナ禍で浮き彫りになった医療者のsufferingに着目して」『現代思想』49（2）: 131-144.

————，2023，「医師が泣くということ——患者の死をめぐる医師の感情労働について」『応用社会学研究』65: 135-153.

Thomas, L., 1983, *The Youngest Science: Note of a Medicine-watcher*. Penguin Books USA.（＝1995，石館康平・中野恭子訳『医学は何ができるのか』晶文社.）

Zussman, R., 1992, *Intensive Care: Medical Ethics and the Medical Profession*. University of Chicago Press.

5

素質に気づく，素質を教える
──よりよい介助者を増やせる社会に向けて──

石島健太郎

はじめに

　障害者が親元や施設ではなく地域で普通に生きるという事例が徐々に広がりつつあります．自立生活（コラム1「自立生活」参照）と呼ばれるその生き方は，日本に土着の障害者運動に海外からの影響が合流するかたちで生まれ，少しずつ実例を積み重ねながら，そうした生活を可能にする制度の実現を目指してきました．その取り組みは1つの節目として長時間の介助を可能とする重度訪問介護（コラム2「重度訪問介護」参照）という制度の誕生に結実しています．

コラム1

自立生活

　障害者が住みたいところに住み，暮らしたいように暮らすことを自立生活と呼びます．経済的自立や，食事・更衣といった日常生活動作の自弁ではなく，自分がやりたいことを自分で決めることをこそ自立ととらえ，そうした生活を求める活動が，20世紀後半，世界各地の障害者によって展開されました．自立生活が求められたのは，親元や障害者施設での抑圧が大きな理由です．たとえば障害者施設では，食事や就寝，余暇，ときにはトイレまでもがあらかじめスケジュールに定められ，自由に生活することができません．また親元では，「あなたのためを思って」という愛情で装飾されたパターナリズムのもと，やりた

いことをさせてもらえないという経験が積み重なってきました．そこで，親元や施設を脱し，介助者の支援を受けながら地域で暮らすことが求められたのです．

　自立生活の発祥はアメリカ・カルフォニア大学バークレー校に入学した呼吸器ユーザーのエド・ロバーツとその支援者の活動とされています．株式会社ダスキン（日本ではミスター・ドーナツの会社としても有名です）の障害者リーダー育成海外研修派遣事業により，安積遊歩さんをはじめとした当事者が現地を訪れ，日本にもその考え方が輸入されてきました．一方，自立生活に相当するものとして，日本にも70年代から土着の思想と運動がありました．すなわち，脳性まひ者の団体であった青い芝の会による，健常者中心の社会を鋭く批判する活動や，これに影響を受けた新田勲さん，三井絹子さんらが施設での処遇改善を訴え自立生活に展開していった府中療育センター闘争，そして介助保障要求運動などです．ここに，アメリカから輸入された思想と運動が合流することで，いま現在の日本における自立生活の礎が築かれました．

コラム2

重度訪問介護

　親元や施設を離れて地域で障害者が生きようとすると，その生活を支援する介助者が必要になります．1970年代ではボランティアがおもな担い手でしたが，24時間365日の生活を支えるためには，より安定的な介助者の供給が課題となります．そのため，日本の障害者運動では，こうした介助者に賃金が払われる公的な仕組みを作ることがひとつの焦点となってきました．

　その1つの達成が，障害者自立支援法下に定められた重度訪問介護という仕組みです．新田勲さんらによる介護保障要求運動の求めに応じて始まった東京都の脳性まひ者等介護人派遣事業を発展的に継承し誕生したこの制度は，同法下の居宅介護や介護保険の訪問介護と比べて，長時間かつ幅広い支援を柔軟に提供できる点で，とくに重度障害者の生活を支えるきわめて重要なものとなっています．

　一方，現行の重度訪問介護は利用できる障害種別に制限があったり，就学・就労での利用や入院中の利用に制限があったりするなど，使い勝手に物足りな

い部分があるのも事実です．障害者総合支援法（正式名称「障害者の日常生活及び社会生活を総合的に支援するための法律」，2012年公布）への改正にあたり，こうした制限を撤廃して重度訪問介護を日本版パーソナルアシスタンス（コラム4「パーソナルアシスタンスとダイレクトペイメント」参照）へ発展的に解消させることが目されましたが，実際には一部の制限緩和に留まってしまいました．現在の障害者福祉における重度訪問介護の重要性は揺るぎませんが，よりより制度のための模索はいまなお続いています．

とはいえ，現状ではいまだ多くの課題が残されています．そのひとつ，介助の現場で常日頃から課題とされているのは，介助者不足という実情です．安定的でかつ冗長性のある介助体制を構築することはしばしば難しく，とくに障害が重度である場合や，医療的ケアを要する場合，（男性の）同性介助原則を維持しようとする場合などにその傾向は顕著になります．つまり，単純に介助者の量が足りていないのです．その意味で，今の時点で介助者の質を問うことには慎重でなくてはなりません．無闇に資格を作ったりして参入のハードルを上げてしまえば，この状況に拍車がかかってしまいます．

しかし，そうはいっても質をまったく問わなくてよいわけではありません．たとえば，介助では利用者（介助サービスをもちいる障害者をそう呼びます）の身体に触れる場面が多くありますが，これが下手だと身体を痛めることがありますし，そうした身体的な負担は心理的なストレスにもつながります．虐待などはそもそも論外ですが，そうしたわかりやすい加害でなくとも，質の低い介助によってこれに近い負担が利用者には生じてしまうのです．また，介助が不得手な人しかいないという理由で外出やコミュニケーションを諦めたりすることがあれば，本来自立生活でやりたかったはずのことができなくなってしまうこともあります．さらに，これは介助者にとっても都合の悪いことです．なぜなら，介助者の待遇を改善しようとするなら，他の人にすぐにはできない質の介助を提供していることがその論拠のひとつとなるからです．つまり，自立生活の本来の理念を実現するためにも，また介助者の地位を上げていくためにも，

やはり介助者の質にもある程度言及せざるをえないのです．

　本章では，この介助者の質という問題について示唆を得ることを最終的な目標に，しかしやや迂遠な議論を行うことになります．というのも，次節で見るように介助者の質をめぐっては，その語り口にある歯切れの悪さがともなうからです．これを回避すべく，本章では介助者の観察に注目します．すなわち，重度障害者の介助を経験している介助者への聞き取り調査のデータに基づいて，介助者が介助の質をめぐって何を考えているのか，それがどこに帰属され，それがどのような行為と結びついているのかを考えるのです．そうすることで，介助の質をめぐるこれまでの議論とは別の角度から，この問題を検討することを試みたいと思います．

1　これまでの議論と本研究の立場

（1）規範と制度からみるよい介助者

　この節では，介助者のよさをめぐって蓄積されてきた議論を確認します．これまでの研究でも，介助者の質をめぐっては多くの議論が蓄積されてきました．そのなかでは望ましい介助者のあり方がさまざまに表現されるものの，おおむねいくつかの重要な要素に集約されるようです．1つは当事者の意思を尊重すること．これは自立生活のもっとも基礎的な理念の1つであり，介助の大前提です．日本ではしばしば「介助者手足論」（コラム3「介助者手足論」参照）という言葉で表現され，そのニュアンスはその時々で微妙に異なってはいるのですが（石島 2021），長く継承されてきました．このようにあくまで手足の代わりとして動くのみで余計な口出しをしないことを介助者に求めることは，手足というメタファーも含めて，またこの擬制が必ずしもうまくいかない場面があることも含めて，洋の東西を問わずにみられます（Garcia-Santesmases et al. 2022）．

コラム3

介助者手足論

　健常者がそうしているように「暮らしたいように暮らす」ことが自立生活の原則ですから，これを支援するにあたって介助者には指示されたことを過不足なく行うことが求められます．そこで余計な口出しをして障害者の生活を管理するようになったら，実質的に親元や施設での生活と同じになってしまうからです．あくまで介助者は言われたことをやる，これを手足を貸す／手足になるという比喩で表現したのが「介助者手足論」であり，介助者の基本的なあり方となっています．

　とはいえ，現実には意見が許されず，言われた通りのことを忠実にやっているというわけでもありません．障害者にとってもすべてを指示するのは大変で，とくにルーティン化された介助ではある程度介助者が率先して動いてくれた方がいいときもあります．また，介助者との話し合いを通じてよりよい生活のあり方が模索されることはままあります．知的障害者の介助に顕著なように，指示待ちではそもそも仕事にならないこともあります．もちろん，介助者が先回りをしすぎれば，またもや親元・施設での生活に近づいてしまいます．あくまで本人の意思の尊重を原則として，都度よい方法を考えながら営まれているという記述が妥当なところでしょう．

　もう1つ重要なこととして，当事者との適切な関係性もよく指摘されます．介助は自宅を中心に私的な空間で，多くの場合1対1の関係で，そして長時間に渡って営まれるものです．それを一緒にいて楽しくない人とやるのは双方しんどい．それゆえ，長い付き合いに基づいた濃密な関係がよしとされるときがあります．しかし，そうした近さが息苦しいときというのも一方でたしかにあり，金銭に基づいた職業的でドライな関係が望まれる場面もあります．ゆえに，相手や場面に応じて，適切な距離感で接することができることが介助者には求められていると言えます（Skär and Tamm2001; Williams et al. 2009; Christensen 2012）．

　欧米諸国に見られるパーソナルアシスタンス（コラム4「パーソナルアシスタン

スとダイレクトペイメント」参照）は，こうしたよい介助者を呼び込み，定着させるための制度的な後ろ盾になるものです（岡部編 2017）．いつ・どこで・誰から・どのような介助を受けるのかという選択を障害者自身が行うことで，自分とちょうどよい距離感の人を，その人にいてほしいタイミングで抜擢することができます．こうした制度によって，障害者は上に見たような望ましい介助者を得られやすくなるといえるでしょう．日本では障害者総合支援法に定められる重度訪問介護が，支援内容の制限がゆるく長時間支給されるという点で，パーソナルアシスタンスに比較的近い制度としてあり，これを足がかりとして日本でも同様の制度を構築するための取り組みが続いています．

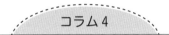

コラム4

パーソナルアシスタンスとダイレクトペイメント

　パーソナルアシスタンスとは，これを利用する障害者から個別に信任を得た介助者（パーソナルアシスタント）が，利用者の決定に基づいて生活に必要な介助を提供し，これを通じて利用者が地域社会に平等に参加することを可能にする仕組みです．障害者権利条約（正式名称「障害者の権利に関する条約」，2014年批准）の19条は障害者の他の者との平等，完全参加と包摂を締結国に求めており，そのための手段の1つとして「在宅サービス，居住サービスその他の地域社会支援サービス（個別の支援を含む）」を挙げています．この「個別の支援」がパーソナルアシスタンスを指します．すでに欧米圏では，国によって制度の詳細に差はあるものの，いつ，どこで，誰に，どのような支援を受けるかを利用する障害者が自由に決められる仕組みとして実装されています．国によっては，より利用者の意思を反映させやすくするための仕掛けとして，賃金相当の現金をいったん利用者に支給し，雇用関係のように利用者からアシスタントに分配するという仕組み（ダイレクトペイメント）を選べる場合もあります．

　日本では国家的なパーソナルアシスタンスの仕組みはまだありません．現状でも，いわゆる自薦ヘルパー，すなわち自身が信頼する人を介助者にして事業所に登録する仕組みを利用すれば，利用者が支援を受けたいと思う人からサー

ビスを受けやすくはなります．また，利用者自身で介護事業所を経営，介助者を雇用していて，採用，訓練，シフト調整，賃金の支払いを行っていればダイレクトペイメントに近い状況を作ることができます．これらの方法やノウハウを広めていく必要の一方で，こうしたことができるのが一部の障害者に限られることを踏まえると，やはり根本的には重度訪問介護がもつ種々の制限を撤廃した日本版パーソナルアシスタンスの創設が急務です．

　とはいえ，これだけで介助者のよさが語り尽くされるわけではありません．Mladenov（2020）の調査によれば，いつ・どこで・誰から・どのような介助を受けるのかについての選択権が保証されていることはよいパーソナルアシスタンス制度の条件として広く共有されていますが，利用に際し障害種別を問うべきか，家族を介助者としてよいか，専門性をもっているべきかなどについては様々な意見があります．また，三井（2018）が指摘するように，ときに優れた介助者として振る舞えないことが，障害者との腹を割った関係性の構築に資することもあります．そもそも，自己決定を尊重すると言っても，ある程度のことを判断したらあとは介助者にまかせてしまったほうが楽なときはあるし，人間関係や距離感についても何が快適なのかは個別具体的に異なります．そのため，絶対的な判断基準で介助者のよしあしを決めることはできず，大枠の緩い方向性があるという理解の方が妥当でしょう．

（2）現場からみるよい介助者

　一方で，万人にとってよい介助者の基準を一意に定めることができなかったとしても，ある人にとってのよい介助者をつくりあげる方法には共通の見解といってよいものがあります．それは障害者の生活の現場に身を置き，障害者から直接指導をされながら育っていくというものです．求められるよさが千差万別であればこそ，資格に象徴される普遍的な能力ではなく，OJT（On the Job Training）を通じて，その障害者ごとにただ一人のための介助技術を身につけ

ることが重視されるのです[1]．たとえば食事介助ひとつとってみても，スプーンで食べ物を掬い，利用者の口にもっていくというだけのことではありつつ，しかしそれに収まらない技術が必要です．まず，口に入れる大きさや順序，ペースなどのすべてをいちいち聞いているわけにもいきませんから，どこまで聞き，どこから聞かないかの線引きを含めて，その人にあったやり方を自然にできるように体得しなければなりません．これは一朝一夕にはできず，実地かつ長時間の訓練が必要になります．

　地域在宅での生活を目指した障害者たちは，早くからこうした個別の訓練を通じて達成されるその人だけにチューニングされた介助の重要性に気づき，自身で介助者を育ててきました．もちろん，とくに障害が重度である場合などすべての障害者が自分で訓練できるわけではないので，実際には先輩の介助者による指導もありますが（Swedberg et al. 2012; Alrø et al. 2022），誰に何を教えるのかもまた障害者の裁量によります（石島 2021）．また，自立生活センターという障害者の自立生活を支える組織では，その業務のなかで自立生活プログラムとして，介助者の支援を受けて生活する練習の場を提供しているところもあります．

　画一的な資格ではなく個別具体的な現場での訓練が重視されると，その内実はブラックボックス化しがちです．障害者の自宅という私的領域で，ときに裸体を含む身体に対する支援を行うという仕事のあり方も，実際の支援現場についての研究を難しくしてきました（Wolkowitz 2006）．しかしながら，こうした訓練の過程についても，徐々に研究が蓄積されつつあります．いわく，こうした訓練によって可能になるのは，日常生活を淡々と過ごせるようにするという，「素」「平熱」（前田 2022）の，「ベースの支援」（三井 2018）です．そこでは劇的な完治はもちろんありませんし，なんらかの介入によって生活の質が大きく向上するということも稀で，むしろ失敗の方が目立ちます．異なる頭と身体をもつがゆえ，言われたとおりにやっているつもりでも障害者の求めるものとは微妙なズレが生じる．その失敗を障害者が許容し，試行錯誤をすることで，普通

の日常が達成されていきます．よい介助者であればこそ，失敗が失敗であることに気づきやすいし（三井 2018），またそこで失敗をしていると気づくことが契機となって，ともすればスルーされてしまう微妙なズレを調整していくことが可能になります（前田 2023）．こうした失敗と調整の繰り返しのなかで，日常を可能にする介助者が育っていくのです．

（3）素質の扱い

　以上のように，よい介助者を作るためには実地での訓練，とくにそこでの試行錯誤が重要であることが指摘されてきました．しかし，訓練をめぐるこれまでの研究の裏側で，これまでうまく扱いきれていなかった論点があるように思われます．それは介助者の素質です．Twigg（2000: 121）が「よい介助者だからよい介助者なのである」というトートロジーをもちだして指摘するように，介助者のよしあしは結局のところその人の素質に依存しているというのは，完全には否定しづらいところがあります．実際，同じ訓練をするにも飲み込みが早く，言われずとも必要なことによく気がつく「向いている人」がいる一方で，そうした一人が育つ背後で多くの離脱があることを現場の人はよく知っているでしょう．

　しかし，この素質というものは，介助をめぐる議論でどうにも扱いにくいところがあります．介助者が足りない現状があるのに，介助には素質が必要だと言ってしまうと，無闇にその門戸を狭めることになってしまいます．また，裏返しに介助がうまくできず辞めてしまうのは素質がないからだという話になってしまえば，そうした離脱の背景にある心身の痛みや不安定な雇用環境の問題が看過されます（渡邉 2018）．さらに，介助者には事実として女性が多いですが，これが「女性らしさ」という素質に——ときに介助者によっても——還元されて理解されるとき（Twigg 2000: 165），そこにはジェンダーに関する偏見があります．安易に素質決定論に陥ってしまえば，こうした問題は見過ごされてしまう上，素質がそもそも生まれもったものであるとするなら，臨床的・政策的な

介入の余地が限定され，技術に裏打ちされた専門職として介助者の社会的地位を向上させていく取り組みとも相反します．

　一方で，介助に素質は必要ないのだと言うこともまた問題含みです．たしかに，上記のように介助者の量的な確保を目指す上で，介助は一部の特殊な才能をもった人だけができるものと触れ込むわけにはいきません．介助という仕事それ自体を崇高なものとして変に祭り上げることはしなくてよいのです（立岩2021）．しかし，介助の仕事は訓練すれば誰でもできることだと言い募ることは，介助者の自己肯定感にマイナスの影響をもちえます．もとより失敗が重要で，失敗に気づけることがよい介助に繋がっていくのであればなおのことです（三井 2018）．社会的な評価に値しない労働であると本人たちが思ってしまえば，介助者たち自身による待遇改善の主張もおのずと弱くなってしまうでしょう．

　このように，慎重な議論をしようとすればこそ，素質は必要だとも不要だとも言いづらいのであり，既存研究が積極的に触れないのは無理からぬことなのです．しかし，おそらくすべての仕事がそうであるように，介助にも生来の適正のようなものはあり，素質の問題に目をつぶってしまうと，現実と遊離してしまう部分があるのもまた事実です．

　では，この介助者の素質なるものをどのように考えればよいでしょうか．1つの方法は，現場での実践に学ぶことです．実際に介助をしている人の中には，自身の「能力」を「訓練」の賜物と考えている人もいれば，「素質」のおかげと考えている人もいるでしょう．これらの人々はそれぞれ上記の懸念を回避できているのでしょうか．つまり，前者の自分の「能力」を「訓練」に帰属させる人は，素質の存在を否定せざるをえないのでしょうか．また，後者の自分の「能力」を「素質」に帰属させる人は，門戸を狭めるような「素質」主義的な考え方に陥るのでしょうか．

　このように，素質が実際のところどの程度の影響をもっているのかを測定しようとするのではなく（これはおそらく不可能でしょう），一次の観察者による帰属の実践をみることによって，人々がどのように状況を説明しているのか，そ

うした説明はどのような行為と結びついているのかを考えることができます．本章はこうした介助者の観察を観察することによって，よい介助を目指す人々の実践を記述し，これを通じて現場の問い――どうしたらよい介助者を増やせるのか――にも示唆を得ることを目指します．

（4） 本研究の調査

　こうした問題関心のもと，重度障害者を介助できる人の育成を目標にしているNPOから紹介された介助者への個別の聞き取り調査と，とくに個々の現場で中心的に活躍されている介助者を集めたグループインタヴューを実施しました．集まってくれたのは，重度の肢体不自由をもつ人をおもな利用者として，それぞれのケースで中心的な役割を担っている介助者18人です．現場の肌感覚になってしまいますが，おおむね利用者から，また介助者同士で，よい介助者とされている人々であるとみてよいでしょう．実施方法はオンライン通話が14件（うち2人の協力者を同時にインタヴューしたのが1件），電話が2件，対面が1件でした．インタヴューは同意の上で録音し，逐語録を作成して分析に用いています．

　上記のように，介助者の育成はまずもって障害者によって行われます．にもかかわらず介助者に注目するのには，いくつか理由があります．まず，とくに重度障害者の場合，障害者自身が指導をすることにしばしば限界があり，介助者同士での指導が重要になります．自立生活センター東大和の理事長だった海老原宏美さんは，今回の調査に関連して筆者とお話しした際，一日の体力から喋ることのできる量に限界があり，それはよりクリエイティブなことに使いたいこと，ゆえになんでも自分で指示したり教えたりするのは大変だと語っていました[2]．あくまで利用者に決定権があるという大前提は確認した上で，しかしそれ以外の回路の可能性を考えておくことはやられてよいはずです．

　また，介助者は利用者と違って，自分自身の介助についての再帰的な（自身を省みるような）観察もできるという点も分析上のメリットです．自分自身に対

する観察と他の介助者への観察の関連を検討することによって，観察と行為の紐付けをより複層的に理解することができると思われます．さらに，介助者は孤立しがちで介助者同士の対話の必要性が提起されている状況を踏まえると（Ahlström & Wadensten 2012; 渡邉 2018），こうした介助者同士の関わりを記述することに意義があると言えるでしょう．次節以降は，介助者の語りを引用しながら，介助者たちが素質や訓練といった語彙を用いながら介助の質をどのように語っているのかを見ていきます．

2　調査の結果

（1）訓練から見出される「素質」

　どのような介助者がよい介助者かと水を向けると，さまざまなあり方が理想として語られました．相手とのコミュニケーション，教科書通りでない利用者に合わせた方法の習得，相手の人となりを知ること，時間を守ること，障害者の生活のためにもまずは自身の体調に気を遣えること，命を預かり，次の介助者へ繋いでいくこと．それぞれがたしかに重要であると頷ける一方，前節でも見たようによい介助者の基準を画一的に定めることは難しそうです．しかし，なぜそれをよいあり方だと思うようになったのか，よい介助ができているとして，なぜそれを自分ができるようになったのかについては，ある程度の類型化ができるようです．

　まず，先行研究でも指摘されているように，多くの介助者が訓練，とくにそこでの失敗を通じて技量を高めていった様子がうかがわれました．つまり，これらの介助者たちは，自身の能力を訓練に帰属させているといえます．たとえばAさんは，ある利用者のもとで学んだやり方がそのままでは通用しなかったという経験を踏まえ，利用者ごとに一から学びなおすつもりで介助していると言います．そしてまた，この経験が後輩にも手本を見せることと実際にやらせてみることを反復するという指導スタイルを導いています．

A：失敗の話でいうと，この仕事始めて1〜2年のころは利用者さんの頭を洗うことひとつにしても，最初に関わった利用者さんの洗髪をした時に，やっぱり他の人の頭洗う経験って自分の子どもぐらいしかないから，どの程度の力で洗っていいとか分からないじゃないですか．丁寧にやってたら，弱いからもっとしっかりガシガシ洗ってくれというふうに言われて，洗って喜ばれた．違う利用者さんのとこに行った時に，そういう同じ感覚でやったら逆に痛いって怒られたりとか，やっぱそこら辺って同じじゃないんだなっていうのをそういうところで気づくし……〔後輩には〕最初から言うんではなくてやらせてみて．自分がお手本を見せて覚えてもらって，実際やってもらうじゃないですか．数回やってもらったら，今度，立場をまた逆転して自分のやり方をもう一回見てもらうっていうふうな形で，自分のケアのやり方と違う人のケアのやり方っていうのを見比べるっていうのを何回も繰り返すようにしてるんですよね．（〔　〕内は筆者．以下同様）

　同様にBさんも，能力が訓練を通じて培われたことを語ります．前職での施設における介助のあり方を「流れ作業」的ととらえ，そうならない介助が目指すべき在宅のよさであると考えるようになったのは，同じやり方が他の人には通用しないという経験を通じてなのです．そしてそのことは，Aさんと同様に後輩への接し方にも影響しているようです．

B：〔流れ作業にならない介助を重視するようになったのは〕意外と就職してからの方が大きかったかもしれないですね．前の利用者さんでは，なんだろう，ちょっとまあ，失敗しつつもちょっとずつできるようになっていったかたちが，違う利用者さんだったらなにひとつ通用しなかったりとか，全然違ったので．……下手に，なんだろう，教えすぎても，患者さんからちょっとそこは今ちょっと〔後輩に〕だけやらせたかったんだな，みたいなことを後から言われたこともありますし．いつもちょっとそういう教える立場になった時は，どこまで介入するかっていうところは考えながら，その場その場で，その利用者さんの表情とかも見つつ探りながらやってはいるかな．

　AさんとBさんに共通していえることは，利用者ごとにただ一人のための介助技術を身につけることができるようになったこと，そしてそれは失敗を含めた経験を積む訓練を通してであるという点です．他方で，具体的な教え方という点ではAさんの場合は，「自分のケアのやり方と違う人のケアのやり方っていうのを見比べる」という方法を確立したために，後輩にアドバイスを与えることもありますが，Bさんの場合は，後輩の介助者に教えすぎることは，失敗も含めた経験を奪うことでもありうると考えるため，あえて教えないという方法になります．一見すると，対照的にも思えますが，そうではなく，介助に関する自身の能力が訓練の機会を通じて培われるものだ，つまり訓練に帰属するものととらえられている点で，これらの語りは整合的です．

　では，このように訓練によってできるようになったと自身の能力をとらえている人々は，自身の素質についてはどのようにとらえているのでしょうか．実際のところ，今回調査に協力してくれた介助者の中には，利用者から，また介助者間で優れた能力をもった人だと評価されているにもかかわらず，「私はほんとに向いてないと思います」「そんな才能があるヘルパーだとは全然思ってなくて」と言って，前節で懸念されていたような自己評価の低さを見せる人もいました．しかし，必ずしも訓練への帰属が自己卑下を招くわけではありません．むしろ，訓練を通じて自身の素質が見えてくる，と語る人もいるのです．たとえば，先に引用したAさんは自身の向き不向きについて，向いていると断言することはせずとも，介助が長続きしない人と対比しつつ次のように語ります．

　　A：最初の頃ってこの仕事，向いてるのかなっていうのがずっとあったんですよね．自分にとってこの仕事って向いてんのかなっていうのがずっと思ってて，あんまり自信をもてたことがなかったんですよね．ある程度経験積んでひとつ思えたのは，この仕事に向いてるっていうよりも，この仕事なら俺はできる仕事だなというか，そういう考え方にはなれたんですよ

ね. 向いてるとか合ってるとかいうよりも, この仕事だったら俺はできるっ
ていう考え方にはなりましたね. ……自分のペースでケアを進めている,
もうあからさまにそうしますっていう方を見ると, 長続きしないよなって
いうのやっぱ感じるんですよね. やっぱり何年たっても新しい利用者さん
のところへ行ったら, いくら経験のあるスタッフでも新しい利用者さんの
ところでは新人なわけで. あくまでも利用者さんはどういう人かっていう
ところからしっかり受け止めなきゃいけないわけだし, それを今までの経
験があるからっていうことで決めつけていくようなかたちは, やっぱり長
続きしないよなっていう気はするんですよね.

　まず注目したいのは, 最初の頃は「この仕事, 向いているのかな」とAさん
が思っていた点です. このことから, Aさんが少なくとも介助の仕事を始めた
当初から自分に素質があるとは思っていなかったことがわかります. しかし,
経験を積むことで「この仕事だったら俺はできる」と思えるようになったとい
います. この直前に「向いてるとか合ってるとかいうよりも」と言われている
ことから, 「自分はこの仕事に向いている人だ」という言い方では自身に素質
を認めていないとも読めます. しかし, 続く部分で「長続きしない」人につい
ての語りが出てきます. 「長続きする人」と「長続きしない人」がいる, そし
て自身は前者に含まれると語る点で, Aさんは自身に素質を認めているように
見えます. そしてその「長続きする／しない」を分かつのは何か, いくつかの
表現で語られていますが, 最後にある「今までの経験があるからっていうこと
で決めつけていく」という部分は, 先の引用で, 利用者が「同じじゃないんだ
なって……気づく」ことができないことと同義だと考えられます. Aさんは失
敗を通してそれに気づけるようになった, すなわち, 訓練によって得られた能
力が素質を担保する論理構成になっていることがわかります.

　この点について, 老舗の自立生活センターで当事者から自立生活の理念を学
んだCさんにも注目してみます. Cさんも同様に, 事例ごとに学び直していく
ことの重要性を指摘しています.

C：楽しいです，仕事が．やっぱり障害者ってみんなそれぞれ違うんですよね．……その障害者の生活を支えるのがすべて仕事になるっていうのがすごい面白く感じて，日々違うから飽きなかったっていうんですかね．それは今もそうですよね．飽きないです．……柔らかくというか，しなやかさというか，これしかないっていう一本道ではないので，全ての障害者の人の生活って．だから，その人たち，それぞれに合った生活で，ご本人たちの人生だから，ご本人たちが納得しないと全く何の意味もないことだから，私たちがその人たちの望むかたち，それをまず同じようにイメージできて，その同じ共有したイメージの中で支援する，どんな計画でやっていくのかみたいなものをつくっていかなければ何の意味もないから，そういう頭の柔らかさみたいなところは，いつももたなければいけないなっていうふうには思ってます．

筆者：それがあれば，また全く新しい事例でも何とか対応できるだろうっていうふうに思える？

C：そうですね．

　Cさんは，仕事を「楽しい」「飽きない」と表現しています．そして，そのように相手に合わせた介助をする柔軟さ・謙虚さがあれば，仕事を続けられるという自信を語っています．このように，利用者ごとにその人にあった介助のやり方を都度学びなおすことが求められる介助において，そうした柔軟さ・謙虚さは自身の長所としてとらえることが可能であり，介助者の自己肯定感や仕事への満足感を支えてもいます．そしてこの長所は介助を始める前からもっていたものではなく，介助を通じて見出されるものとしての自身の素質です．このように，訓練を通じて介助ができるようになったととらえることは，素質がなくてもできたという考えを経由して自己肯定感を阻害するとも限らず，むしろ自身の長所が新たに発見されることにつながりうるのです．

（2） 素質を言語化した訓練

　一方，少数派ではありますが，自分の介助のやり方・考え方をすでにもっていた自身の素質に帰属させてとらえている介助者もいました．そして性格や素質への言及は，介助への向き不向きの認識にも関わっています．たとえば，Dさんは他人に興味をもって関わり，よい雰囲気を作り出すということを，訓練によって培ったものというよりは，もとよりの性格として得意だったと語ります．同様にEさんも，相手に関心をもつ自分の性向が，元来のものだったと述べています．

　　D：割と感覚的にうまくいってるっていうのは実感するんですけど，いい空気づくりも悪い空気づくりも自分次第だと思ってるので，結構割と得意なんですよね，そういうのが性格的に．「どうも」みたいな感じで，「この人ちょっと難しい人かな」とか「この人，結構最初からグイっていっても大丈夫かも」っていうのが何となく感覚的に〔わかる〕．感覚的な話になっちゃうんですけど，何となくフィーリング的にいけそうっていう方とかっていうのが分かるので，空気づくりっていう面では割と得意かなって．

　　E：自分はどんな人にでも興味が湧くっていうか，そういうタイプなので，物でも事でも人でも．障害にも興味があるってみたいな感じですよね．自分がもってないものだから．……多分知りたいんです．知らないことを知りたいっていう，まあ，なんだろ，探究心みたいのが強い方なのかもしれないですね．〔教えられてそうなったわけ〕ではないですね．

　ここでは，「得意」「タイプ」といった言葉によって，自分自身のキャラクターを表現しているように見えます．物語論的な視点を借りれば，自分自身をキャラクターとして性格づけることによって，そのような者として介助の場面でふるまい続けることができるだろう，という語り手の自己イメージにもつながります．

　こうした自身の性格づけは，前節でも触れたように自身への評価とも関わる

と考えられます．ただし，Ｄさんは，この点に関して非常に慎重であり，次のように逡巡を語ります．

　　Ｄ：向いてると思いたいです．向いてるってよりかは，向いてるとは言えないかな．私，めちゃくちゃメンタル弱いんですよ，こう見えて．私，めちゃくちゃメンタル弱くて気にしいなんですね．ひどく落ち込むと過呼吸起きるぐらい．なので，すごく多分理想的にこの業界が，そういう心が優しい温度で包まれてたらいいのになってどっかで思ってるのかもしんないです．

　向いていると「思いたい」．この語り口には，自身の素質を完全には認めない慎重さが端的に表れています．

　他方で，Ｅさんは，顧客に応じて求めるものを読み取り対応するという点で介助と前職のあいだに共通点を見出し，前職でもこの素質ゆえに優秀だった自分は介助も同じようにできるという自負を語っていました．

　このように，素質への帰属は，介助者による自身への性格づけによってなされています．そのような性格づけが自己肯定感と結びつく仕方はさまざまだと考えられます．Ｅさんのようにダイレクトに自己肯定感と結びついている場合もありえますが，その一方で，Ｄさんのような慎重さも，無闇に自己評価が高いだけでは独りよがりの介助者になってしまうかもしれないことを考えると，バランスがとれている見方といえるかもしれません．いずれにせよ，ここで注目すべきは，ＤさんやＥさんが自分の長所として語っていることは，Ａさんたちによって重要とされていた個別の利用者に応じて都度よい介助の方法を考えるということと重なっているということです．つまり，訓練を通じて培われる能力がプリセットされていたということであり，まさに介助に向いた素質であると言うことができるでしょう．

　しかし，前節では，こうした素質への帰属が「向いていない」と判断された人への介入可能性を低く見積もらせる懸念，つまり「介助がうまくできず辞め

てしまうのは素質がないからだ」と片づけられてしまう危険が議論されたので
した．では，DさんとEさんは，実際にどのように後輩と関わっているのでしょ
うか．その点については，次のように語られています．

　　D：実際いるんですよ，下手な人っていうのは．下手っていうか，なかな
　　か10回教えても20回教えてもできない人と，１回教えてできる人と，それ
　　ぞれにいいところがあって，全員同じっていうのはなかなか難しいんです
　　けど，やっぱり利用者の意見に耳を傾けて聞いてあげるっていうのって
　　やっぱ一番大事なのかなって思います．……必ず昔から言い続けてること
　　が，自分のお母さんとか，自分にとってすごく大事な人だと思って介助し
　　てみてくださいっていうのを必ず伝えるんですね．

　　E：〔先の引用から続けて，教えられて相手のことを知るよう努めるようになったわけ〕
　　ではないですね．ただ人に教える時にはそうしてます．ケア的にこれをや
　　んなきゃなんない，これをしなきゃこうだからっていうよりは，この人何
　　を求めてんのかなとか，なんでそれが必要なのかっていうとこから考えて
　　くと覚えやすいよとか．

　自身の性質は自身のものであるからこそ，同じキャラクターをもっているわ
けではない他人にそのまま通用するわけではありません．それゆえ，誰でも可
能な方法に翻訳して伝えるということが必要になります．このように，自身の
介助を素質と結びつけて理解している人であっても，素質がないからできない
とはされず，むしろ素質ゆえに自分ができることを誰でもできるようにするた
めのアプローチが考えられているのです．

3　結論と考察

　本章ではここまで，実際に介助をしている人が，自身の能力を何に帰属させ
るのか，またその帰属のさせ方と素質に関するとらえ方との関係を分析してき

ました．既存研究の検討からは，素質が必要だとも不要だとも言い切りづらい
ことが指摘されました．それは，どちらの立場をとるにしても，介助者の供給
拡大，待遇改善，またその背後に必要な自己肯定感といった目標に沿わない主
張が導かれかねないからでした．しかし，実践の様子を見てみると，結果とし
てはその懸念は杞憂であったということができるでしょう．訓練を強調するこ
とは素質が必要ないことを意味せず，むしろ訓練の中で見出される素質があり，
それはみずからの長所としてもとらえられます．また，もとよりもっていたと
される素質は，訓練で強調されるものと相矛盾しないものであり，かつ他人に
伝える工夫をともなっています．つまり，自分の能力を訓練に帰属する人でも，
素質の存在を否定するのではなく，むしろ訓練で培われた能力が担保する素質
を認めることで，自己評価を確保することもあります．逆に，自分の能力を素
質に帰属する人でも，門戸を狭めるような「素質」主義的，つまり「介助がう
まくできず辞めてしまうのは素質がないからだ」と片づけるような考え方には
必ずしも陥らず，むしろ他の人には訓練の機会によって能力を培っていけるよ
うなアプローチを考えている場合もあることがわかります．

　このように，同じようによいとされる介助ができているときにも，説明や解
釈の仕方は複数あるものの，しかしそのことは，素質に関するとらえ方をまっ
たく異なったものに導くものではありません．そうだとすると，自分の能力を
訓練に帰属させるのか，それとも素質に帰属させるのかは，現場での介助者た
ちの実践をみれば，案外と表面的な違いであり，素質を認める／認めないこと
に伴うと懸念される問題も，対処可能ではないかと考えられます．つまり，介
助者の素質という概念を棄却することなく，その弊害を抑えながら，よりよい
介助者を増やしていけるような社会の可能性です．そのために重要になってく
るのは，すでに介助をしているが自分の素質に自信がない人も，素質を新たに
発見しうる機会を十分に確保することではないかと思います．なぜなら，その
ような機会が十分にあって初めて，本当は辞めるべきでないかもしれない人が
自信を失いながら離れていく危険を抑えられると考えられるからです．自身の

素質を発見していくためには，介助をするなかで自分の長所に気づける仕掛けが必要になります．語りの中では，指導を通じて別の介助者の様子を見て，ひるがえって自分ができていることに気づくといった様子がありましたが，同様に介助者同士で普段の仕事についての考え方を共有する場があれば，他の介助者と比べたり，また他の介助者から指摘されることによって，自身が自覚せずとも大事にしてきたことが自覚できるでしょう．介助は多くの場合１対１で行われるものであるためそうした機会は少ないものの，介助者同士が繋がる場の構築は，従来指摘されてきた介助者の孤立の解消や労働者としての団結の意義のみならず，各自の素質に気づき，相互に承認する契機となりえます．そこで気づかれた長所が他人に理解可能なかたちで言葉にされ，後輩の指導に活かされるのであれば，トライアンドエラーとは別の指導の可能性を開くことができるという点で，新たに介助者を育てる場面でもこうした取り組みが意義をもつでしょう[3]．

　本章では，介助者の質が要請される中でこれを担保するための方法を，介助者の観察を観察することから探ってきました．たしかに，今回調査したのは介助者による帰属の実践なので，素質や訓練が介助の質に実のところどれだけ寄与しているのかはわかりません．しかし，帰属と相互行為の結びつきに注目することによって，素質を新たに発見したり，後輩を育てたりといった方法に示唆が与えられるのです．とはいえ，今回の調査対象は重度の肢体不自由者を介助している人にほぼ限られており，障害種別を越えて一般化できるかは定かではありません．また，上に述べたような介助者同士の交流が意図せぬ効果をもつことも考えられます．これら本章の限界については，また別の研究が必要になるでしょう．

注
1）　だからこそ，福祉にかかわる国家資格のなかでも介護福祉士には実務ルートがありますし，介護職員初任者研修や重度訪問介護従事者の資格は比較的短期で取得するこ

とができます．

2） 同趣旨の発言として海老原・海老原（2022: 262）．2021年末，海老原さんは惜しまれ
つつもご逝去されました．その貴重な言葉を残す意味で，ご遺族の許可のもと，実名
での掲載としました．

3） この取り組みは既存のジェンダー観を更新することにもつながるかもしれません．
今回の調査では，介助は女性に向いていると話す男性の協力者もいましたし，先の引
用で自身の介助のよさを素質に帰属させているのは2人とも女性でした．すでに議論
したように，このように女性こそケアに向いているという考え方は社会に広く共有さ
れ，女性自身によっても内面化されています．しかし，介助者間のやりとりによって
発見される素質が，ジェンダーとは無関係なものとして気づかれる時，介助をめぐる
素質はジェンダーに還元されづらくなっていくでしょう．

参考文献

Ahlström, G. & B. Wadensten, 2012, "Enjoying work or burdened by it? How personal assistants experience and handle stress at work," *Journal of Social Work in Disability & Rehabilitation*, 11（2）: 112-27.

Alrø, A. B., C. Klitnaes & P. Dreyer, 2022, "Personal care assistants' lived experience of working in the home setting with children and adults on mechanical ventilation," *Scandinavian Journal of Caring Sciences*, 36（2）: 536-44.

Christensen, K., 2012, "Towards sustainable hybrid relationships in cash-for-care systems," *Disability & Society*, 27（3）: 399-412.

海老原宏美・海老原けえ子，2022，『〔増補新装版〕まぁ，空気でも吸って——人と社会：人工呼吸器の風がつなぐもの』現代書館．

García-Santesmases, A., D. López Gómez & A. Pié Balaguer, 2022, "Being just their hands? Personal assistance for disabled people as bodywork," *Sociology of Health & Illness*, 45（6）: 1334-53.

石島健太郎，2021，『考える手足—— ALS患者と介助者の社会学』晃洋書房．

前田拓也，2022，「「できるようになる」ための場と拠りどころ——身体障害者の介助現場と介助者の語り」岸政彦編『生活史論集』ナカニシヤ出版，401-51．

————，2023，「介助を教わり「失敗」する——身体障害者の介助現場における介助する／される関係を通した「障害者を理解すること」」『障害理解のリフレクション——行為と言葉が描く〈他者〉と共にある世界』ちとせプレス，155-83．

三井さよ，2018，『はじめてのケア論』有斐閣．

Mladenov, T., 2020, "What is good personal assistance made of? Results of a European survey," *Disability & Society*, 35（1）: 1-24.

岡部耕典編, 2017, 『パーソナルアシスタンス――障害者権利条約時代の新・支援システムへ』生活書院.

Skär, L. & M. Tam, 2001, "My Assistant and I: Disabled children's and adolescents' roles and relationships to their assistants," *Disability & Society*, 16（7）: 917-31.

Swedberg, L., E. H. Chiriac, & L. Törnkvist L, et al., 2012, "Patients in 24-hour home care striving for control and safety," *BMC nursing* 11: 9.

立岩真也, 2021, 『介助の仕事――街で暮らす／を支える』筑摩書房.

Twigg, J., 2000, *Bathing: the Body and Community Care*, London: Routledge.

渡邉琢, 2018, 『障害者の傷, 介助者の痛み』青土社.

Williams, V., L. Ponting & K. Ford, 2009, "'I do like the subtle touch': interactions between people with learning difficulties and their personal assistants," *Disability & Society*, 24（7）: 815-28.

Wolkowitz, C., 2006, *Bodies at Work*, London: Sage.

あ と が き

　この本の各章は，その度合いは異なるものの，どれも「物語」を理論的概念として用いています．したがって，それらは，広くは「ナラティヴ・アプローチ（物語論的アプローチ）」に含まれる，もしくは関連のある研究事例といえます．そこで，この本を閉じるにあたって，研究方法の観点から，この本の全体的な成果と到達点を，2013年に私が編著者として上梓した『ピア・サポートの社会学── ALS，認知症介護，依存症，自死遺児，犯罪被害者の物語を聴く』」（晃洋書房）も参照しつつ，振り返ってまとめておきます．

　『ピア・サポートの社会学』の第6章では，まとめと考察の一部として，今後に向けた2つの課題を示しました．1つは，この本の第1章でも解説した「共同体の物語（community narrative）」概念です．これについて，セルフヘルプ・グループを社会の流れの上に位置づける作業を行なったり，個人の営みに対して踏み込んだ解釈を行なったりするのに有効と認めつつ，しかし「共同体の物語の把握それ自体が自己目的化してしまうことは，研究としては概念の有効性を必ずしも活かしていることにならないし，また弊害もありうる」と指摘しました（同書 pp. 161-163）．それに対して，この本の第1章は，全身性強皮症のセルフヘルプ・グループにおいて「6割の物語」という「共同体の物語」が限局的に生成することで，参加者・メンバーが苦境を何とか乗り切るための言語的資源として機能する可能性があること，ただし，同時にそれはあくまでも〈ひとつの〉共同体の物語にすぎず，その語りにくさや，それ以外の共同体の物語が出現する可能性についても常に意識的であるべきことを論じました．これが応答として十分か否かは，今後の「明日の会」も含めた様々なセルフヘルプ・グループの事例について検討することで見えてくるだろうと考えられます．

　『ピア・サポートの社会学』の第6章で示したもう1つの課題は，物語の開

き手に関するものでした．ピア・サポートを，より生きやすい自己物語を模索する過程ととらえると，聞き手の存在が重要になります．そのような聞き手は，混沌とした物語でもさえぎらず耳を傾けるようないわゆる傾聴の態度を基盤としつつ，「その人がどんな物語をつむいでいくのか，関心をもって見守りながら，なおかつ何らかの関与をしていく」（同書 p. 164）と論じました．この「何らかの関与」として，たとえばどのようなものがありうるのか，ピア・サポートに限らず，物語の聞き手として専門家をとらえる余地も含めて，非常に興味深いテーマといえます．

　これについては，拙著「高次脳機能障害の生き難さを『聴く』ことの多面性──ピア・サポートの事例から考える」（水津嘉克・伊藤智樹・佐藤恵編『支援と物語（ナラティヴ）の社会学──非行からの離脱，精神疾患，小児科医，高次脳機能障害，自死遺族の体験の語りをめぐって』生活書院，第 4 章，2020 年），および『開かれた身体との対話── ALS と自己物語の社会学』（晃洋書房，2021 年）において，聴くと同時に〈反応する〉聞き手たちの事例を詳細に記述し分析しました．また，この本の第 1 章においても，M さんが，桃井里美さんをはじめとする（私も含めた）聞き手たちの反応のもとで，自分が携えて生きる物語を模索している過程が浮かび上がりました．こうした研究が今後積み重なることで，支援の現場に学びつつ，刺激やヒントを投げ返すような社会学研究が推進されるのではないかと考えられます．

　もっとも，いま挙げた研究は，いずれも調査協力者の厚意によって得た膨大な記録と，インタヴューも含む長期間にわたるフィールドワークにもとづいています．また，それらは調査協力者とのいわば偶然の出会いから生まれたものですから，最初から計画されたものとはいえません．したがって，効率と確実な成果という観点からは，決して勧められるものではないとさえいえるかもしれません．その点，この本の第 2 〜 5 章は，細部まで見通しがたっていたわけではないにせよ，ある程度計画的に実施されたインタヴュー調査に基づくものであり，第 1 章とは持ち味が異なると考えるべきでしょう．実際，苦境にある

人の物語に対して聞き手は具体的にどのように聞いたのか，またどのように反応したのかという点については，自らの体験を振り返るインタヴューから得られるデータでは，迫るのに限界もあると考えられます．

　しかし，この本の第2〜5章には，そうした限界を補って余りある個々の成果だけでなく，そこに通底するひとつの観点が内在しているように見えます．それは，苦境にあって自己物語を模索する過程に関わる人が，自分自身をどのように性格づけ，苦境にある当人に対して，どのような助演者として振る舞おうとするのか，という観点です．これを，各章を振り返りながら読み解いてみましょう．

　第2章では，精神障害領域で事業所に雇用されるピア・スタッフ櫻井博さんが事例として取り上げられています．そもそもピア・スタッフをどのような存在としてとらえればよいのか，多くの現場において手探りであり，櫻井さん自身も自分がピアなのか職員なのか，ある意味では揺らぎやすい立場にいます．それに対して櫻井さんは，状況によって職員としての自己を，また別の状況ではピアとしての自己を前面に出して，柔軟に振る舞っていました．こうした自己は，ともすれば「いい加減で一貫性がない」と見られやすいかもしれませんが，それに対して，自己にはそもそも一貫性だけでなく状況によって可変的な側面があることを強く認識させるのが，第2章でも解説されていたE. Goffman（ゴフマン，ゴッフマン）の自己呈示論であり，ここでは助けになると思われます．櫻井さんが，無理に一貫した自己を築かねばと自分に圧力をかけることなく，状況ごとに重心を変えた自己呈示を行うことができれば，ピア・スタッフとしての自信を失うことなく，利用者に反応していきやすくなります．ただし，そうした柔軟な自己呈示には偶発的な側面があり，なおかつ櫻井さんの場合，彼が他のスタッフに心を開いて構築した関係性も，非常に大きな背景的要素と考えられるため，可変的で柔軟な自己呈示だけが処方箋になるというわけではありません．それでも，ピア・スタッフがピア・スタッフであり続けるための考え方として，ひとつのヒントになる可能性はあります．

　更生保護施設Xのピア・スタッフAさんを事例として取り上げた第3章においても，それに通じる部分が認められます．ここでAさんにとって問題になるのは，世代の若干離れた入所者たちとのギャップです．この事例に限らず，「ピア」といっても，あくまでもひとつの特殊な経験をもっているにすぎないので，数多くの利用者たちとの違いの方が目につくこともありえます．その一方で「同じ経験者なんでしょ」という視線を感じる，あるいは自分自身もそうでなければならないと考えてしまうと，さきほどの櫻井さんとも似た，自分はいったい何者なのかという葛藤に陥ってしまうかもしれません．しかし，それに対してAさんは，年の離れた入所者と自分自身との共通点（「寂しさ」と「頑固」）を見つけることで，自分をそのように性格づけたり，複数の業種で働いた経験豊富な自己をむしろ前面に出そうとしたりしています．他方で，理想像とする施設Xの理事長を目指す者として自分自身を性格づけることについては「曲げたくない」信念として一貫させることで，彼が「福祉系」と呼ぶ，認知機能や精神症状に関する問題・課題から福祉的サービスも要する入所者たちとも，あきらめずに対話し続けようとする態度を調達しています．このように，柔軟性と一貫性を混ぜ合わせたような自己の運用によって，Aさんはピア・スタッフであり続けていられるといえるかもしれません．

　第4章で取り上げられる小児科医は，小児科の中でも患児の死に立ち会うことが多い職場にいます．およそどのような親しい人の死でも受け入れがたさに比べようはありませんが，それでも子どもの死は，とりわけ理不尽に感じられます．したがって，医師は，本当はあまり意味がないことをしているのかもしれないが，とりあえず根治するための何かをしているポーズをとることも含めて，まさに「やり尽くす」医師を演じることが期待されやすいと考えられます．第4章は，そのキャラクターを「行為する英雄」としてとらえたうえで，他方でそれに対する違和感も持たれていた可能性はあり，それが小児緩和ケアという視点の広がりを背景にして，以前より目立つようになってきているかもしれないことを示唆しています．キャラクターの転換が課題となる点では非常にシ

ンプルな構図ですが，根本的な転換となるがゆえに，途方もなく大きな課題で
もあります．事例であるＣ医師の場合，研修医時代に影響を受けた医師が，患
者を亡くした悲しみに泣く姿をインタヴューで想起しながら，行為する英雄〈ら
しくない〉自身の性格づけを探っているように見えます．外出困難な患児の病
室に鳥の声が入ったＣＤを流す行為は，死に抗する英雄的な闘いには見えない
かもしれませんが，小児科医のキャラクターにふさわしい行為として認められ
てもよいのではないか．たとえ，それが今のところ「英雄的ではない」行為と
しか名づけようがないとしても．このようなキャラクターの転換を模索するＣ
医師にとっては，死生学との出会いや，患児に対して同じチームの仲間として
最善を尽くしたと思える遺族との関係性も，後押ししてくれる背景要因になっ
ているようです．

　重度障害者の介助者を取り上げた第５章は，必ずしもナラティヴ・アプロー
チを前面に打ち出すものではありません．介助の「素質」についてどう考える
べきか（あるものだと決めつけるのも，逆にそんなものはないと決めつけるのも，問題が
ある）という実際的な関心のもと，介助者たちが「素質」をどう語るのかに耳
を傾ける論考です．介助者としての自分自身に対して基盤的な信頼をもてる介
助者は，おそらく特定のキャラクターを前面に出すような接し方ではなく，む
しろ，個々の介助サービス利用者に合わせるよう柔軟に振る舞っているのでは
ないかと想像されます（それでも湧き出てくるような濃いキャラクターもまたありえま
すが）．ただ，ここで問題になるのは，そうした自分自身への基盤的な信頼が
乏しいと，利用者の個別性に対応する振る舞いを続けることが難しくなるかも
しれず，そのことが介助者の離脱にもつながりうると考えられる点です．個々
の現場で中心的に活躍している介助者に耳を傾けると，自分は「得意」あるい
は「タイプ」であると語る人もいれば，自分は「向いているとは言えない」と
語る人もいます．つまり，「素質」については，もともとあったと語ることも
できれば，訓練と経験によって培われたものとして語ることもでき，いずれに
せよそれらが個別的な対応をできる自己を性格づけ，それを必要に応じて参照

することで，多様性と変化に富んだ利用者たちと向き合っていけるのではない
かと考えられます．

　このようにしてみると，第2〜5章は，支援をする側に位置づけられる人（も
しくはそのような側面をもつ人）が，苦境にある人に対してどのようなキャラクター
を有した助演者であることが，支援に関わり続けるうえで有効と考えられるの
かに関心を寄せていることがわかります．その際，場面を超えるような自分自
身をどう基盤的に性格づけるかという水準と，場面ごとに一貫させたり入れ替
えたりするようなキャラクターのいわば運用に関わる水準と，ふたつの水準が
あり，そのどちらが主な問題になるかは，個々のトピックに関する社会的な文
脈によると考えられます．

　第1章も含めて，この本は全体として，支援の営みがより望ましい形で持続
するためには，どのようなあり方や考え方がよいのか，あるいは，どのような
考え方に与する必要がないのかを照らし出し，そのことをもって支援の営みそ
れ自体に貢献したいと願う社会学の試みといえるでしょう．それは，私を含め
てすべての執筆者が当然のように念じていたことかもしれませんが，ここで振
り返ってみて，また改めて認識することでもあります．

伊 藤 智 樹

《執筆者紹介》（執筆順，※は編著者）

※伊 藤 智 樹 （いとう　ともき）［はしがき，第 1 章，あとがき］

　　1972年　愛媛県生まれ

　　1999年　東京大学大学院人文社会系研究科博士課程修了　博士（社会学）

　　現在　富山大学学術研究部人文科学系（人文学部社会文化コース（社会学））教授

　　主要業績

　　『ピア・サポートの社会学―― ALS，認知症介護，依存症，自死遺児，犯罪被害者の物語を聴く』
　　　　（編著，晃洋書房，2013年）

　　『支援と物語（ナラティヴ）の社会学――非行からの離脱，精神疾患，小児科医，高次脳機能障害，
　　　　自死遺族の体験の語りをめぐって』（共編著，生活書院，2020年）

　　『開かれた身体との対話―― ALS と自己物語の社会学』（晃洋書房，2021年）

櫛 原 克 哉 （くしはら　かつや）［第 2 章］

　　1988年　千葉県生まれ

　　2020年　東京大学大学院人文社会系研究科社会文化研究専攻 博士課程修了 博士（社会学）

　　現在　東京通信大学 情報マネジメント学部 講師

　　主要業績

　　「繁茂するメンタルクリニック――診断の普及で救われる人，救われない人」（『中央公論』137巻
　　　　5 号，96-1034頁，2023年）

　　『メンタルクリニックの社会学――雑居する精神医療とこころを診てもらう人々』（青土社，2022
　　　　年）

　　「消えない抗不安薬：精神医療と鎮静の文化」（『現代思想』49巻 2 号，54-61頁，2021年）

添 田 雅 宏 （そえだ　まさひろ）［第 2 章］

　　1963年　福岡県生まれ

　　2011年　日本社会事業大学大学院社会福祉学研究科社会福祉学専攻 博士前期課程修了 修士（社
　　　　会福祉学）

　　現在　東京通信大学人間福祉学部 講師

　　主要業績

　　「無認可共同作業所再考～共同・協働とイギリスの co-production を巡る道程～」（『精神医療』
　　　　no.83批評社，2016年）

　　「ピアスタッフ・ピアサポーターの現在と未来」（『精神医療』no.74，批評社，2014年）

　　「重い精神障害を持つ人に対するアウトリーチサービスを併せ持つデイケア・地域活動支援セン
　　　　ターの効果的援助要素の検討」（日本社会事業大学大学院修士論文，2011年）

相 良　　翔（さがら しょう）[第3章]

1984年　愛知県生まれ

2018年　中央大学大学院文学研究科社会学専攻博士後期課程修了　博士（社会学）

現在　埼玉県立大学保健医療福祉学部准教授

主要業績

『薬物依存からの「回復」――ダルクにおけるフィールドワークを通じた社会学的研究』（ちとせ
　　プレス，2019年）

『当事者が支援する――薬物依存からの回復　ダルクの日々パート2』（共編著，春風社，2018年）

「『贖罪の脚本』は頑健な物語たりうるか――ある更生保護施設在所少年の語りからの考察」水津
　　嘉克・伊藤智樹・佐藤恵編著，『支援と物語（ナラティヴ）の社会学――非行からの離脱，精
　　神疾患，小児科医，高次脳機能障害，自死遺族の体験の語りをめぐって』（生活書院，31-59
　　頁，2020年）

鷹 田 佳 典（たかた よしのり）[第4章]

1975年　富山県生まれ

2008年　法政大学大学院社会科学研究科社会学専攻満期退学　博士（社会学）

現在　日本赤十字看護大学さいたま看護学部 准教授

主要業績

「死生の際で働くということ―小児終末期医療の現場から」（『年報社会学論集』32，4 -11頁，
　　2019年）

「なぜ医師の物語は重要であるのか―二人の「アーサー」からの示唆」（『質的心理学フォーラム』
　　11，13-22頁，2019年）

「誰が医療者を癒すのか―コロナ禍で浮き彫りになった医療者のsufferingに着目して」（『現代思
　　想』49（2），131-144頁，2021年）

石島健太郎（いしじま　けんたろう）[第5章]

1988年　東京都生まれ

2016年　東京大学大学院人文社会系研究科博士課程修了　博士（社会学）

現在　東京都立大学人文社会学部　准教授

主要業績

『考える手足――ALS患者と介助者の社会学』（晃洋書房，2021年）

『戦後日本の貧困と社会調査』（共編著，東京大学出版会，近刊）

"How cure was justified: rhetorical strategies for the treatment of colour vision deficiency in
　　the 1970s and 1980s in Japan"（*Disability&Society*）

支える側・支えられる側の社会学
——難病患者，精神障害者，犯罪・非行経験者，小児科医，介助者の語りから——

2024年4月10日　初版第1刷発行　　＊定価はカバーに
　　　　　　　　　　　　　　　　　　　表示してあります

編著者　　伊　藤　智　樹©
発行者　　萩　原　淳　平
印刷者　　河　野　俊一郎

発行所　株式会社　晃　洋　書　房
〒615-0026　京都市右京区西院北矢掛町7番地
電話　075(312)0788番(代)
振替口座　01040-6-32280

装幀　HON DESIGN（北尾　崇）　　印刷・製本　西濃印刷㈱
ISBN 978-4-7710-3819-6